भावातीत ध्यान

(Transcendental Meditation)

प्रश्न उत्तर सहित

परमपूज्य महर्षि महेश योगी

प्रकाशन

नाभि पब्लिकेशन्स

पी. ओ. बॉक्स 37, नई दिल्ली–110001

E-mail : sales@jainbookdepot.com

Website : www.jainbookdepot.com

प्रथम हिंदी संस्करण एवं रूपांतरण 2018

ISBN : 978-81-7274-910-1

Price : ₹ 290

USD 10

राष्ट्रीय प्रशासनिक कार्यालय

महर्षि आश्रम, महर्षि नगर, नोएडा,

गौतम बुद्ध नगर,

उत्तर प्रदेश–201304

E-mail : mict@maharishi.net

Website : www.maharishisansathan.in

समर्पण

पूज्यपाद श्री गुरुदेव
स्वामी ब्रह्मानंद सरस्वती जी महाराज,
जगद्‌गुरु भगवान् शंकराचार्य, ज्योतिर्मठ,
हिमालय के चरणकमलों में उनसे
आशीर्वाद के रूप में ऐसे जीवन से प्रेम
करने वाले भक्तों के प्रति, जिनके हृदय
में लौकिक एवं दैविय, समस्त महिमाओं का
आनंद लेने की उत्कंठा नित्य प्रवाहमान है

प्राक्कथन

यह पुस्तक अंग्रेजी भाषा की Transcendental Meditation - Questions & Answers पर आधारित है। इस पुस्तक में दो भाग हैं। भाग एक में परमपूज्य महर्षि महेश योगी जी द्वारा ध्यान पर एक वार्ता है, जिसे पढ़ने से पाठकों के सभी प्रश्नों का समाधान हो सकेगा तथा भाग दो में महर्षि जी द्वारा जिज्ञासुओं के प्रश्नों के उत्तर हैं। इस समयवृत्त में मार्च 1960 से 1961 के मध्य तक का वह अंतराल सम्मिलित है, जब महर्षि जी 27, पोंट स्ट्रीट, लंदन (इंग्लैण्ड) में सायंकाल प्रवचन किया करते थे। प्रश्नों एवं उत्तरों को विशेष शीर्षकों के अंतर्गत संकलित किया गया है।

विषय अनुक्रमणिका

भाग – 1

भाग – 2 प्रश्न एवं उत्तर

भाग-1
भावातीत ध्यान

भावातीत ध्यान

आज जिस वस्तु की परमावश्यकता है, वह है ऐसा साधन जो मस्तिष्क के गुणों और हृदय की शक्तियों के मध्य पूर्ण सामंजस्य स्थापित कर सके। जब अकेले मस्तिष्क पर ध्यान दिया जाता है तथा हृदय की उपेक्षा की जाती है, तब मनुष्य का त्रुटियाँ न करना संभव नहीं हो पाता। विश्व में आज लगातार यही हो रहा है। विज्ञान एवं प्रौद्योगिकी में हुई समस्त प्रगति तथा हर प्रकार के ज्ञान के निरंतर अनुसंधान मनुष्य को कहाँ ले जा रहे हैं, यह बात किसी से छुपी नहीं हैं।

विश्व लगातार बढ़ती हुई अराजकता का शिकार है; वैयक्तिक और सामाजिक जीवन तथा राष्ट्रीय और अंतर्राष्ट्रीय संबंधों में प्रतिदिन तनाव बढ़ रहा है। ऐसे में किसी ऐसे साधन की गुहार लगाई जा रही है, जो प्रत्येक मनुष्य की चेतना में सामंजस्य की पुनर्स्थापना कर उसे शांति प्रदान कर सके; केवल आंतरिक शांति ही जीवन में ज्ञान और सुख का जनक बन सकती है। वह सब, जिसे हम आज मनीषा या ज्ञान की संज्ञा से निरूपित करते हैं वह तथ्यों के संकलन की अंतहीन प्रक्रिया बन कर रह गई है और वह मनुष्य की वास्तविक आवश्यकताओं को पूरा करने में पूर्णतया विफल सिद्ध हो रही है; जहाँ तक जीवन में मौलिक आवश्यकताओं की बात है, जिन्हें हम सुख, मनीषा और ज्ञान जो भी नाम दें, वे निरर्थक एवं अलौकिक आकांक्षाएं नहीं, अपितु मनुष्य का जन्मसिद्ध अधिकार है।

हम देवभूमि हिमालय से एक ऐसी पद्धति लेकर आये हैं, जो मनुष्य के मस्तिष्क एवं हृदय दोनों को ऐसे बिंदु तक उन्नत करने में सक्षम है, जहाँ पर उनके उच्चतर स्वभाव की गुणवत्ता

का ज्ञान एवं रसास्वादन, दोनों एक साथ प्राप्त किये जा सकते हैं। हम अपनी इस पद्धति को भावातीत ध्यान कहते हैं, किंतु यह वास्तव में आत्मान्वेषण की सरल युक्ति है; यह किसी मनुष्य को उसके जीवन की वास्तविकता के उस अंतर्तम क्षेत्र की गहराई के भीतर गोता लगाने के योग्य बनाती है, जिनमें जीवन का सार तथा समस्त ज्ञान, समस्त सृजनात्मकता, समस्त शांति एवं समस्त सुख एक साथ निवास करते हैं। यह वह स्थान है, जिसे ईसाई शिक्षा के अंतर्गत 'भीतरी स्वर्ग का साम्राज्य' कहा गया है।

'ध्यान' शब्द नया नहीं है; न ही ध्यान के लाभ नए हैं, वरन् यह तो भगवान कृष्ण, बुद्ध और ईसामसीह का सदियों पुराना संदेश है, जिसमें कहा गया है – 'अपने भीतर स्वर्ग के साम्राज्य में प्रवेश करो तुम्हें शाश्वत् शांति सदा के लिए प्राप्त होगी।'

मानवता की त्रासदी यह है कि शताब्दियों से इस प्रकार की ध्यान पद्धति उपेक्षित रही और उसके चलते मनुष्य अब तक दुःख भोगता रहा। शनैः–शनैः दुःख–भोग इतना विश्वव्यापी, जीवन का अपरिहार्य अंग बन गया है कि जिन लोगों पर 'परमेश्वर के, स्वर्ग के साम्राज्य' तक मार्गदर्शन करने का उत्तरदायित्त्व था, वे दुःख–भोग की आवश्यकता का प्रचार करने लग गए; दुःख–भोग एक धार्मिक कृत्य बन गया है और जो व्यक्ति इस बात का दावा करता है कि जीवन कटु एवं दुःखद संघर्ष है, वह अपनी इस समझ के लिए सराहा जाता है। आज जीवन की ऐसी ही दुर्भाग्यपूर्ण व्याख्या की जा रही है।

जीवन आनंदमय है

जीवन की वास्तविकता यह है कि यह आनंद रूप है। यथार्थ में जीवन संघर्ष नहीं है। मनुष्य ने दुःख भोगने के लिए जन्म नहीं

लिया है, अपितु आनंद की अनुभूति के लिए आया है। उसका गठन ही आनंद, चेतना, ज्ञान एवं सृजनशीलता से हुआ है। एक बार मनुष्य में जीवनपुष्प खिला कि चेतना, ज्ञान और सृजनशीलता सदा के लिए उसमें आ गए। जब जीवन की आंतरिक अथवा आध्यात्मिक तथा बाह्य अथवा भौतिक महिमाएं सामंजस्य में लाई जाती हैं, तब जीवन यौगिक हो जाता है और सचमुच जीने के योग्य बन जाता है।

जब हम कहते हैं कि जीवन अपनी मूलसत्ता में आनंदमय है, तो उसका अर्थ होता है कि जीवन आनंद है। ऐसा कहना कदाचित्, आश्चर्यजनक लगेगा जब चारों ओर दुःख ही दुःख दिखाई पड़ रहा हो।

संतरा मीठा होता है। इसका अर्थ है कि संतरे का वास्तविक सार मीठा होता है। दूसरी ओर संतरे का छिलका स्वाद में कड़वा होता है, तथापि संतरे को मीठा कहा जाता है, क्योंकि मीठा तो उसके भीतर का रस होता है।

संतरे की भांति जीवन के दो पक्ष होते हैं – आंतरिक एवं बाह्य। बाह्य अस्थायी, सदा परिवर्तनशील पक्ष है; आंतरिक स्थायी, सदा अपरिवर्तनशील पक्ष है। आंतरिक पक्ष सदा आनंदमय है, यह तथ्य ऐसा है जिसे अनुभव किया जा सकता है। हम जीवन को आनंदमय इसलिए कहते हैं, क्योंकि जीवन की आधारभूत वास्तविकता का पक्ष मधुर एवं आनंदमय है।

आनंद, ज्ञान एवं सृजनशीलता जीवन की उस परम् अवस्था की विशेषताएं हैं, जो शुद्ध चेतना है। यह सच्चिदानंद चेतना ही मनुष्य की वास्तविक सत्ता है और किसी भी व्यक्ति के जीवन

में नीरसता और उदासीनता के लिए इसलिए कोई स्थान नहीं है, क्योंकि वह ज्ञान से उत्पन्न हुआ है। वह केवल तब तक ही अज्ञान एवं भ्रांति में रहता है जब तक ज्ञान के इस स्रोत से अनभिज्ञ और पृथक रहता है। अज्ञान, ज्ञान के मूल स्रोत तक पहुँचने की अयोग्यता के कारण होता है, इसका इसके अतिरिक्त कोई दूसरा कारण नहीं है। कोई व्यक्ति बरामदे की ठंड में मात्र इसलिए ठिठुरता रह जाता है, क्योंकि वह 'लिविंग रूम' (बैठक) की गर्माहट का आनंद नहीं ले रहा है। मनुष्य के लिए नीरस एवं सुस्त रहने का कोई कारण नहीं है। उसके भीतर सृजन की विशाल क्षमताएं हैं। वह आनंद लेने के लिए उत्पन्न हुआ है, दुःख भोगने के लिए नहीं।

मनुष्य, मनुष्य है– मानव योनि में विकसित होने के कारण उसके पास ऐसा तंत्रिकातंत्र है, जो उस स्तर तक विकसित है, जहाँ पर सत्–चित्–आनंद की स्थिति का अनुभव करना उसकी सामर्थ्य के भीतर है। सृष्टि की अधोयोनि के प्राणियों, जैसे पक्षियों एवं पशुओं में इस अतीव आनंद के अनुभव की यह क्षमता नहीं होती, क्योंकि उनके तंत्रिकातंत्र इतने अधिक विकसित नहीं होते। किंतु मनुष्य का तंत्रिकातंत्र पर्याप्त रूप से विकसित होता है। वह आनंद एवं चेतना को उसकी समूची व्यापकता में अनुभव करने के योग्य होता है। यह कारण है कि हम यह कह सकते हैं कि जीवन आनंद रूप है तथा मनुष्य आनंद लेने के लिए उत्पन्न हुआ है।

समस्त वस्तुओं का मूल सत्–चित्–आनंद में किस प्रकार है?

संसार में ऐसे लोग भी हैं, जिन्हें हर दिन दुःख और वेदना झेलनी पड़ती है। सुख भी है, किंतु वह स्थिति जिसे आनंद कहा

जाता है, वह उच्च स्तर का अलग प्रकार का ही सुख है; यह स्थायी एवं अपरिवर्तनशील है तथा इसमें सामान्य सुखों की भांति परिवर्तन नहीं होता है। सामान्य सुख की नश्वर प्रकृति कुछ ऐसी है, जिसको कोई भी बुद्धिमान व्यक्ति समझ सकता है। हम बराबर आशा करते रहते हैं कि अब जो सुख आया है वह स्थाई होगा, परंतु ऐसा नहीं होता। यह दुःखद तथ्य हमारे लिए इतना सामान्य हो गया है कि यह विश्वास करना कठिन हो गया है कि कदाचित् अपरिवर्तनशील सुख जैसा कोई अनुभव भी हो सकता है।

यह हो सकता है और वास्तव में होता भी है। इस संदर्भ में आधुनिक वैज्ञानिक अनुसंधान बहुत रोचक हैं। विज्ञान ने पता लगाया है कि समस्त पदार्थ इलेक्ट्रॉन एवं प्रोटॉन के बने हैं और ये इलेक्ट्रॉन एवं प्रोटॉन केवल वैद्युत आवेश से निर्मित हैं। इस आधारभूत खोज से यह अनिवार्य निष्कर्ष निकलता है कि किसी पत्ती अथवा फूल की मूलभूत सत्ता निराकार विद्युत या निराकार ऊर्जा से अधिक कुछ नहीं है। अस्तु, किसी चीज का आकार, रूप, संरचना एवं रंग जो हम देखते हैं, कितने भी पृथक क्यों न हों, इससे तनिक भी अंतर नहीं पड़ता। समस्त व्यक्त जगत, सारी विविधता के मूल में पदार्थ की जो वास्तविक सत्ता है, वह अव्यक्त, अविशेष और अमूर्त है। ठीक जैसे बर्फ, भले बर्फ जैसी प्रतीत होती है, किंतु बनी तो केवल जल की होती है। इसी प्रकार सारे रूप एवं समस्त विविधताएं आधारभूत निराकार ऊर्जा के बने हैं।

विज्ञान जगत् ने भी इस खोज का अनुभव करना प्रारंभ कर दिया है, किंतु पहले से ही प्रायः ऐसा माना जाता रहा है कि विज्ञान अपने आपको भौतिक वस्तुओं के अध्ययन तक और अधिक सीमित नहीं रख सकता, यदि उसे प्रगति करनी है, तो उसे शुद्ध ऊर्जा के गुणों का परीक्षण प्रारंभ कर देना चाहिए।

इस स्वीकारोक्ति के साथ विज्ञान ने इस तथ्य को भी मान्यता प्रदान की है कि पदार्थ जीवन की पूर्णता का द्योतक नहीं है।

अब प्रश्न उठता है कि यह सिद्धांत निजी और वैयक्तिक सुख पर किस प्रकार लागू होता है? हमारा शरीर है, जो भौतिक है, किंतु हमारे पास मन, बुद्धि, अहंकार और आत्मा भी है और इनमें से किसी को भी शरीर के समान भौतिक नहीं कह सकते। वस्तुतः व्यक्ति का जीवन दो पक्षों में विभाजित किया जा सकता है – शरीर, जो वस्तुनिष्ठ है तथा मन, अहंकार एवं बुद्धि जो आत्मनिष्ठ हैं। दुर्भाग्यवश, हमारे जीवन के आत्मनिष्ठ पक्षों के परीक्षण करने की कि मन, बुद्धि एवं अहंकार किस वस्तु के बने हैं, इस बात का पता लगाने की विश्वसनीय प्रायोगिक विधियाँ सुलभ नहीं हैं। यदि ऐसा होता तो हम पता लगा लेते कि वे भी उसी अंतिम निराकार ऊर्जा से उत्पन्न हैं। यह ऊर्जा, वस्तुतः ठीक उसी प्रकार से आत्मनिष्ठ जीवन की आधारभूत सत्ता है, जैसे वस्तुनिष्ठ सृष्टि की। यही सत्ता, यही आद्यशक्ति भौतिक हाड़–मांस के रूप के साथ मन, बुद्धि एवं अहंकार के गुणों के रूप में भी अभिव्यक्त होती है। केवल इसी आधारभूत ऊर्जा से संपूर्ण विश्व में सृष्टि के समस्त विस्तार एवं संकुचन का क्रम चलता रहता है।

कहने का आशय है कि जीवन की केवल एक वास्तविकता है और वह है अपरिवर्तनशील सत्ता। जो परिवर्तित होता है, वह सापेक्षता के क्षेत्र का भाग है और समस्त परिवर्तन सापेक्षता के क्षेत्र में घटित होते हैं। यही नहीं इस सापेक्षता के मूल में जो सत्ता है, वह भी निरपेक्ष है। इसकी मौलिक प्रकृति सत्–चित्–आनंद है, यही जीवन की अकेली सत्ता है और यह सत्ता ही 'अहम् ब्रह्मास्मि' (मैं ब्रह्म हूँ) और तत्वमसि (तू भी वही है) है। यही एक तत्व है, जो जीवन के समस्त आत्मनिष्ठ एवं वस्तुनिष्ठ पक्षों के

मूल में गठित है।

आत्मनिष्ठ एवं वस्तुनिष्ठ पक्ष के विभाजन को व्यक्तित्व पर भी लागू किया जा सकता है। आत्मनिष्ठ व्यक्तित्व वह है, जो हमारे भीतर के कर्ता का अनुभव करता है। अनुभवकर्ता श्वांस के सिद्धांत, इंद्रियों, मन, बुद्धि, अहंकार, तथा साथ ही आत्मा का योग है, किंतु आत्मा विशेष वर्ग में आता है, क्योंकि यह आत्मनिष्ठ एवं वस्तुनिष्ठ, दोनों पक्षों से परे स्थित है। समस्त पक्ष परिवर्तन के अधीन है – वस्तुनिष्ठ व्यक्तित्व निरंतर परिवर्तित होता है, क्योंकि शरीर की स्थिति कभी भी स्थिर नहीं रहती। इसी प्रकार मन, बुद्धि तथा अहंकार सतत् परिवर्तन की स्थिति में होते हैं। किंतु इन सदा परिवर्तनशील रूपों का आधार जीवन का सदा अपरिवर्तनशील सिद्धांत है और वह है 'मैं ब्रह्म हूँ', जो जीवन की मूल सत्ता है और जिसे हम आत्मा कहते हैं।

आत्मा की प्रकृति का वर्णन ईसा के शब्दों में किया गया था–'स्वर्ग का, परमेश्वर का साम्राज्य' जिसमें 'मैं और परमात्मा एक हैं' का अर्थ है एक ऐसा स्तर, जिसमें द्वैत नहीं है। यह प्रकृति के समस्त क्षेत्रों, आत्मनिष्ठ एवं वस्तुनिष्ठ दोनों से परे है, यह आत्मा का क्षेत्र है, भावातीत चेतना की शुद्ध अवस्था है, जीवन की मौलिकता वास्तविकता है। चेतना की इस अवस्था की प्रकृति उच्चतम कोटि की आनंदमयिता है। क्योंकि यह आनंदमय–सुख जीवन की आधारभूत वास्तविकता है, अतएव यह नित्य सर्वव्यापी है तथा समस्त चराचर जगत् का मूल घटक है। यदि जल को बर्फ के मूल तत्व के रूप में समझा जाता है, तो जल बर्फ का मूल घटक हुआ, बर्फ का प्रत्येक कण और कुछ नहीं, अपितु जल ही तो हुआ? सत्–चित्–आनंद वह है, जो संपूर्ण जीवन में व्याप्त है, जो स्वयं को अलग–अलग असंख्य

अंशों एवं रूपों में व्यक्त करता है; इस अमूर्त निराकार ने ही समस्त नाम एवं रूप बनने के लिए, मनुष्य के संदर्भ में कहें तो, उसके व्यक्तित्व की सारी आत्मनिष्ठ एवं वस्तुनिष्ठ अवस्थाएं बनने के लिए व्यक्त किया। यह जो अहंकार है, बुद्धि है, मन है, इंद्रियाँ हैं, उनकी अनुभूतियाँ हैं, सांस है, शरीर है या फिर यह धरती, पत्थर और वृक्षादि हैं, सब उसी का व्यक्त रूप हैं। यह जो हमारा समूचा ब्रह्माण्ड है, वह और कुछ नहीं, अपितु इसी अद्वैत अपरिवर्तनशील सिद्धांत का विभिन्न अंशों में व्यक्त रूप है।

सामान्य अनुभव में चिरस्थायी सुख का अभाव

प्रश्न उठता है कि यदि सत्–चित्–आनंद सार्वभौम एवं सर्वव्यापी है, तो ऐसा कैसे हो सकता है कि हम इसका अनुभव न करें ? यह तो विरोधाभास हुआ।

यदि हम बौद्धिक रूप से यह मान भी लें कि आनंदमयी चेतना सर्वव्यापी है, तो यह प्रश्न उठ सकता है कि हममें न सही, औरों के जीवन में ही नीरसता, उदासीनता और दुःख का प्राधान्य क्यों है ? इसका रहस्य क्या है ? सच्चाई यह है कि सत्–चित्–आनंद समस्त जीवन की आधारभूत वास्तविकता और घटक होते हुए भी यदि हम जीवन में दुःख भोग रहे हैं या किसी भी तरह की कोई कमी है, तो सीधी बात है कि हम जीवन की अवास्तविकता का अनुभव कर रहे हैं। हमें उस आनंदमयी चेतना का ज्ञान एवं अनुभव नहीं हो रहा है, जो हमारी मौलिक सत्ता की विशेषता है। हमारी कार्य प्रणाली में कुछ गड़बड़ी है, जो हमारे अनुभव करने की योग्यता को नियंत्रित करती है।

जीवन की आधारभूत वास्तविकता की दो अवस्थाएं हैं –

अव्यक्त और व्यक्त। अव्यक्त अवस्था अणोरणीयान् है, परमाणुओं का परमाणु अथवा सूक्ष्म से भी सूक्ष्म अवस्था; इस अव्यक्त अवस्था में इसकी मूल विशिष्टता सत्–चित्–आनंद है। किंतु, अपनी व्यक्त अवस्था में सत्–चित्–आनंद प्रच्छन्न रहता है, जबकि दूसरे गुण अभिव्यक्ति के भाग के रूप में प्रकट होते हैं। नितांत उसी प्रकार जैसे जल का तरलता का गुण उस समय गुप्त हो जाता है, जब जल बर्फ में रूपांतरित होता है। जल अपनी मूल प्रकृति में तरल एवं पारदर्शी होता है, किंतु जब वह बर्फ में परिवर्तित होता है, तो वह ठोस एवं धुंधला हो जाता है। बर्फ का ठोसपन और दूधियापन, वस्तुतः जल की तरलता एवं पारदर्शिता के विपरीत है।

परिवर्तित विशेषताएं परिवर्तन की प्रगाढ़ता के अनुरूप मूल से भिन्न होती हैं। वाष्प, मेघ, कोहरा, हिम तथा बर्फ जल की अनेक अवस्थाएं हैं; जल स्वयं तरल है, किंतु इसके रूपांतरण ठोस से गैसीय अवस्था तक में बदल सकते हैं।

यह दृष्टांत आनंद की सर्वव्यापकता के मध्य दुःख की प्रतीति को समझने में सहायक है। जब अव्यक्त, व्यक्त होता है, तो उसकी सत्–चित्–आनंद की विशेषताएं प्रच्छन्न हो जाती हैं और ऐसी विशिष्टताओं में परिवर्तित हो जाती हैं, जो सत्–चित्–आनंद के विपरीत होती हैं। इस प्रकार अपरिवर्तनशील परम सत्ता तथा अव्यक्त सत्ता की परमानंदमयी विशिष्टता सदा परिवर्तनशील सापेक्ष सत्ता एवं व्यक्त जगत का सापेक्ष सुख बन जाते हैं।

हमारे अनुभव का अंग मन, इंद्रियों के माध्यम से विषयों का भोग करता है। अनुभव का हमारा जो तंत्र है वह जीवन की आधारभूत सत्ता के केवल स्थूल पक्ष का अनुभव करने में सक्षम है तथा उसकी मूल प्रकृति के सूक्ष्मतर पक्षों को अनुभव करने में

असफल रहता है। हम जानते हैं कि इंद्रियों की अपनी तय सीमाएं होती हैं। जो पौधा बड़ा होता है, उसे हमारी आँखें देख सकती हैं, किंतु जो पौधा अति सूक्ष्म होता है, हम उसे नहीं देख सकते और उसे देखने के लिए सूक्ष्मदर्शी यंत्र की आवश्यकता होती है। इसी प्रकार हमारे कान ऊंची आवाज तो सुन सकते हैं, किंतु धीमी आवाजें नहीं सुन सकते। ऐसे ही हमारी नाक स्थूल गंध पहचान सकती हैं, किंतु सूक्ष्म को नहीं। यह इसलिए होता है, क्योंकि हमारी इंद्रियाँ प्राकृतिक घटनाओं के स्थूलतर पक्षों को व्यक्त करने तक सीमित है। इसका आशय यह नहीं निकाला जा सकता कि जीवन के सूक्ष्मतर पक्षों का अस्तित्व ही नहीं है।

पुनश्च, हमारी इंद्रियाँ केवल स्थूल मूल्यांकन तक ही सीमित नहीं है, अपितु वे स्थूल मूल्यांकन में निरंतर व्यस्त भी रहती हैं। प्रकृति के सूक्ष्मतर पक्ष वैसे ही दिखाई पड़ते हैं, जैसी इंद्रियों के लगातार स्थूल क्षेत्रों का प्रयोग करते–करते भोथरी पड़ गईं क्षमताओं के कारण अनुभूत किए जा सकते हैं। वैज्ञानिकों ने अब सूक्ष्मदर्शी एवं दूरदर्शक जैसे यंत्रों के प्रयोग के द्वारा अपनी इंद्रियों के क्षेत्र को विस्तार देना सीख लिया है; इनसे उसके प्रत्यक्ष ज्ञान का क्षेत्र अत्यधिक बढ़ गया है तथा वह सृष्टि के दूरस्थ सूक्ष्मतर क्षेत्रों का निदान करने में समर्थ है– किंतु यह प्रगति कितनी भी बड़ी क्यों न हो, अब भी सूक्ष्मताएं हैं, जो उसके प्रत्यक्ष ज्ञान के क्षेत्र से, इलेक्ट्रॉन माइक्रोस्कोप तथा रेडियो टेलीस्कोप के क्षेत्र के भी परे स्थित है।

प्रकृति के सूक्ष्म क्षेत्र अनुभव की हमारी वर्तमान क्षमता से परे है। हमारी आयु सृष्टि के स्थूल पक्षों के संज्ञान में ही बीत जाती है और हम उसके सूक्ष्म पक्षों की महिमा को समझने से इसलिए वंचित रह जाते हैं, क्योंकि हमें उनका अनुभव करने

की आदत अथवा योग्यता नहीं होती। चूंकि सृष्टि की वृहत्तर शक्ति और उसका अप्रतिम सौंदर्य उसके सूक्ष्मतर क्षेत्रों में ही विद्यमान होता है, अतः हमें इन क्षेत्रों के अनुभव का अतीव आनंद और लाभ तब ही प्राप्त हो सकते हैं, जब हम उन्हें प्राप्त कर सकें। किसी व्यक्ति पर तेजी से फेंके गए पत्थर की शक्ति सीमित होती है, किंतु पत्थर के परमाणुओं को यदि शक्ति रूप में स्वतंत्र कर दिया जाए, तो यह शक्ति असीम रूप से व्यापक हो जाएगी। यह इस बात का उदाहरण है कि कितनी विशाल शक्ति और अंततः प्रकृति के सूक्ष्म क्षेत्रों में कितनी विराट महिमा व्याप्त है। इतना ही नहीं समूची सृष्टि के सूक्ष्म क्षेत्र भी अनंत रूप से इतने अधिक सुंदर, चित्ताकर्षक और मोहक हैं कि स्थूल पक्ष उनके सामने फीके पड़ सकते हैं। ऐसे में जब हम अपने को इंद्रियों द्वारा स्थूल पक्षों के अनुभव तक सीमित रखते हैं, तब अपने जीवन की तमाम खुशियों को सीमित कर रहे होते हैं।

जीवन का समग्र व्यक्त क्षेत्र भौतिक क्षेत्र है, किंतु इसकी भौतिकता अत्यंत स्थूल क्षेत्र से अत्यंत सूक्ष्म क्षेत्र तक विस्तारित है। हमारे अनुभव की दिशा तब ही बहिर्मुखी होती है, जब हमारी इद्रियाँ प्रत्यक्ष सृष्टि का अनुभव कर रही होती हैं। हमारे समझने में जो भूल होती है वह यह है कि मन स्थूल एवं सूक्ष्म, पूर्ण व्यक्त एवं पूर्ण अव्यक्त की, दो चरम सीमाओं के मध्य कहीं पर स्थित रहता है और बहिर्मुख होने पर वह अनिवार्य रूप से भीतर की ओर से, प्रकृति के सूक्ष्मतर क्षेत्रों से अपनी पीठ घुमा लेता है। यदि मन को अंतर्मुखी करने की कोई युक्ति हो, तो वह निश्चित रूप से उस ओर जाएगा, क्योंकि वहाँ उसे कहीं अधिक प्रफुल्लता और सुख का अनुभव होगा। निरंतर रूप से शांति एवं सुख की खोज मन की स्वाभाविक वृत्ति है। जब वह बहिर्मुख होता है, तब वह सृष्टि के सापेक्ष क्षेत्र के एक पक्ष से दूसरे तक भटकता रह

सकता है, किंतु एक बार अंतर्मुखी होने पर और अधिक सुख की ओर जाने की उसकी अपनी प्राकृतिक, सहज प्रवृत्ति उसे बिना प्रयास के व्यक्त सृष्टि के सूक्ष्म से सूक्ष्मतम और सुखकारक पक्षों से होते हुए अंत में उस अव्यक्त परमानंदमयी भावातीत चेतना तक ले जाती है, जो सारे सुखों का, परमानंद का आगार है।

मनुष्य क्यों दुःख भोगता है?

प्रत्येक व्यक्ति का मन अधिक से अधिक आनंद लेना चाहता और सृजन में अनुरक्त होना चाहता है। यदि कोई ऐसा क्षेत्र हो जहाँ, सृजनशीलता, सुख, शांति एवं ज्ञान का प्रचुर भंडार हो तो, मन ऐसे ही क्षेत्र की खोज में जाएगा। सापेक्षता के क्षेत्र में कोई भी वस्तु मन को स्थायी रूप से संतुष्ट नहीं कर सकती, क्योंकि सापेक्षता के क्षेत्र में उस परम् और अपरिवर्तनशील तत्व का अभाव है जो चिरस्थायी सुख का आगार है, जिसकी ओर वापस आने के लिए मन सतत् प्रयत्नशील रहता है।

मनुष्य के भीतर सदैव अधिकाधिक सृजनशीलता, ज्ञान और सुख प्राप्ति की कामनाएं रहती हैं। इन कामनाओं का होना तर्कसंगत और स्वाभाविक है। ये नहीं होंगी, तो मनुष्य, मनुष्य नहीं रह जाएगा। मनुष्य अपनी स्वाभाविक कामनाओं के कारण नहीं, अपितु उन्हें पूरा न कर पाने की अयोग्यता के कारण दुःख भोगता है। इस क्षेत्र में ऐसे सिद्धांत हैं, जो कामनाओं को दुःख का कारण मानते हैं और इस मत का प्रतिपादन करते हैं कि यदि मनुष्य सुख चाहता है, तो उसे अपनी कामनाओं का दमन और शमन कर देना चाहिए। किंतु अपना स्पष्ट मत है कि मनुष्य के दुःख का कारण कामनाएं नहीं, अपितु यह है कि मनुष्य उन्हें पूरा करने में समर्थ नहीं होता। स्पष्ट है कि यदि मनुष्य के सुखी,

ज्ञानी एवं सृजनशील होने की अयोग्यता को दूर कर लिया जाए, तो वह तृप्त हो जाएगा और आगे भी बना रहेगा। किंतु उसका सुख, ज्ञान एवं सृजनशीलता सापेक्षता के क्षेत्र में नहीं खोजे जाने चाहिए, क्योंकि वहाँ पर जो भी पाया जाता है, चाहे सापेक्ष क्षेत्र का सुख अथवा ज्ञान कितना भी बड़ा हो, वह अशांत मन को संतुष्ट नहीं कर पाएगा। ऐसा इसलिए होगा कि सबसे बड़ा सुख भी, सापेक्ष क्षेत्र में निहित और देश तथा काल की सीमाओं में विहित होने के कारण चिरस्थायी नहीं हो सकता। व्यक्त जगत की मूल प्रकृति ऐसी है कि उसमें रहने वाली सारी वस्तुएं क्षणभँगुर एवं सदा परिवर्तनशील हैं। स्पष्ट है कि इस स्थिति में केवल जीवन अव्यक्त और परम् क्षेत्र में पहुँच कर ही मन नित्य संतोष की स्थिति प्राप्त कर सकता है और इससे ही उसे शांति की प्राप्ति होगी।

दुःख का उपचार

वास्तव में मनुष्य के लिए दुःख भोगने का कोई कारण नहीं है। वैसे ही जैसे जल से भरे सरोवर में मछली के प्यासा रहने का कोई कारण नहीं। यह हास्यास्पद बात है कि जल से भरे तालाब में मछली प्यासी रहे और यदि ऐसा होता है, तो तर्कपूर्ण निष्कर्ष यही है कि उसने प्यासा रहना चुना है। यह केवल चाहने की बात है, क्योंकि मछली को और कुछ नहीं करना है, केवल मुँह खोलना है और पानी पीना है। कहने का आशय है कि जब सच्चिदानंद सत्ता सर्वव्यापी है, तब मनुष्य के जीवन में दुःख भोगने का कोई कारण नहीं है। सर्वशक्तिमान् और करुणानिधान पिता का पुत्र होकर यदि मनुष्य आनंदमयी चेतना में उसी प्रकार तैरे, जैसे मछली पानी में तैरती है और फिर भी सुख के लिए प्यासा रहे, यह बात उतनी ही हास्यास्पद होगी जैसे एक करोड़पति के बेटे का निर्धन और फटे वस्त्रों में मिलना। यदि

हमें किसी करोड़पति का बेटा ऐसी स्थिति में मिल जाए, तो हम यही मानेंगे कि वह संभवतः परिवर्तन के लिए फटे–पुराने वस्त्रों में टहल रहा है। यदि कोई मनुष्य दुःख भोगता है, तो इसका कारण केवल यह है कि वह जीवन की वास्तविकता को नकार रहा है, उस सत्ता की महिमा, सुख एवं ज्ञान का आनंद नहीं उठा रहा, जो शाश्वत रूप से आसानी से उसकी पहुँच के अंदर है।

मनुष्य केवल उसी स्थिति में दुःख और क्लेश से नहीं बच सकता जब तक वह आनंदरूप परमसत्ता के क्षेत्र में नहीं पहुँच पाता, अपने भीतर स्वर्ग के साम्राज्य को प्राप्त नहीं कर पाता, अपनी मूलभूत प्रकृति का अनुभव नहीं कर पाता। उसका इस परमानंद सत्ता के क्षेत्र में पहुँचना ही आत्मसाक्षात्कार कहलाता है।

आत्मसाक्षात्कार का मार्ग सरल है, युक्ति सुगम है, क्योंकि आत्मा की अनुभूति व्यक्ति की स्वयं की सत्ता की अनुभूति है, जो अपने आपसे दूर नहीं है तथा सदैव सुलभ है। 'मैं' के लिए मार्ग की कोई दूरी नहीं है, वह एक मार्गरहित मार्ग है। कोई व्यक्ति स्वयं को प्राप्त करने के प्रयास में किसी दूरी की कल्पना नहीं कर सकता, क्योंकि उसे तो केवल अपने आप होना है और ऐसा होने में ही अपनी आत्मा में मिल जाना है। जब कोई दूरी नहीं है, तो मार्ग में कठिनाई कैसी? बिना किसी पथ के, बिना किसी मार्ग के तथा बिना किन्हीं बाधाओं एवं कठिनाइयों के आत्मा स्वयं का अनुभव करने लगती है।

वह सत्ता जो प्रत्येक वस्तु का मूल घटक है, अनुभवकर्ता तथा अनुभव की वस्तु में सर्वत्र व्याप्त है। अनुभवकर्ता की मूल प्रकृति वह है, जिसे अनुभवकर्ता की आत्मा कहा जाता है। उसका अपनी आत्मा की अनुभूति, जो उससे पृथक् अथवा दूर नहीं है,

उस पर मनुष्य का जन्मसिद्ध अधिकार है तथा यही वह स्थिति है जिसमें उसे स्वाभाविक रूप से, बिना प्रयास के अपना जीवन बिताना चाहिए।

हर व्यक्ति कह सकता है, 'मैं हूँ'। कोई यह नहीं कह सकता, 'मैं नहीं हूँ'। इसके अतिरिक्त जो कुछ भी कहा या अनुभव किया जा सकता है, उस आत्मा की अनुभूति के लिए न तो अधिक समय लगता है, और न कहीं दूर जाना होता है। प्रायः देखा जाता है कि आँखों पर लगे हुये चश्मे को मनुष्य भूल जाता है और उसे इधर–उधर खोजने लगता है। ऐसे ही उस आत्मारूपी चश्मे की खोज होती है, जो हमारी आँखों पर ही चढ़ा है, जिसके लिए कुछ करना नहीं होता, केवल सजग होना पड़ता है और खोज स्वयं पूरी हो जाती है। यह जो आत्मा के रूप में दैवी सत्ता होती है, वह कभी खोती नहीं है; उसे खोजना या कहीं से वापस लाना नहीं होता; वह सातवें या किसी और आसमान पर नहीं होती और उससे अवगत होने के लिए किसी को मरने की आवश्यकता नहीं है। अति प्राचीन काल से हर युग में और हर धर्म के आचार्य बारंबार यही कहते आ रहे हैं– 'स्वर्ग का, परमेश्वर का साम्राज्य तुम्हारे ही भीतर है'। इसका अर्थ वही है, जो इन शब्दों से सीधा–सीधा निकलता है– इसका अर्थ यह नहीं है कि परमेश्वर का साम्राज्य बाहर है, अथवा अगम्य है, अथवा मृत्यु के पश्चात् है। परमेश्वर के साम्राज्य का मार्ग, वह जो आत्मा है, मनुष्य की अपनी प्रकृति का सूक्ष्मतम पक्ष मात्र इसलिए मार्गरहित मार्ग कहलाता है, क्योंकि अनुभवकर्ता एवं आत्मा के मध्य कोई दूरी नहीं है।

आत्मसाक्षात्कार की शैलियों और विधियों पर इसके अतिरिक्त भी अन्तहीन विमर्श हुआ है और लेख लिखे गए हैं। सच्चाई यह है कि मनुष्य में अनुभव की किसी भी शैली का आत्मसाक्षात्कार

के मार्ग के रूप में प्रयोग किया जा सकता है। अनुभव की क्षमता मनुष्य–मनुष्य में पृथक हो सकती है, तथापि श्रवण, दृश्य, स्वाद, स्पर्श एवं घ्राण, इन पाँच इंद्रियों के आधार पर इन्हें पाँच वर्गों में विभाजित किया जा सकता है। कुछ लोगों में स्वाद की ज्ञानेंद्रिय अधिक विकसित होती है, जबकि दूसरों में श्रवण, स्पर्श अथवा घ्राण की इंद्रिय अधिक प्रखर हो सकती है। अनुभव के इन अंगों में से किसी एक के द्वारा अनुभवकर्ता की मूल प्रकृति की अनुभूति की जा सकती है। अन्ततः दैवी प्रकृति को अनुभव करने के उतने ही मार्ग हो सकते हैं, जितने विश्व की घटनाओं के अनुभव करने के हैं।

'मार्गरहित मार्ग' विरोधाभासी प्रतीत हो सकता है, किन्तु यह गागर में सागर जैसा है, जिसको किसी दूसरे ढंग से व्यक्त करना कठिन है।

उदाहरण के रूप में फूल को देखने की क्रिया को लें। वास्तव में, इसमें दो मत नहीं कि अनुभव का मार्ग चाहे अंतःजगत का हो या बाह्य जगत का, सदैव भीतर से प्रारंभ होता है और भीतर ही समाप्त होता है। जब मन किसी फूल पर ध्यान देता है, तब फूल का अनुभव होता है, फूल का अनुभव भीतर से प्रारंभ होता है तथा भीतर ही समाप्त होता है, यात्रा वहीं समाप्त होती है, जहाँ से प्रारंभ हुई थी। इस यात्रा में आत्मा के साक्षात्कार के लिए हम मार्गरहित मार्ग का अनुसरण कर सकते हैं ।

आत्मसाक्षात्कार के समस्त मार्गों के विषय की सच्चाई यह है कि यह कोई मार्ग नहीं है, ऐसे समस्त मार्ग जिस बिंदु से प्रारंभ होते हैं, उसी बिंदु पर अपना गंतव्य, अपनी मंजिल प्राप्त कर लेते हैं।

यद्यपि आत्मसाक्षात्कार का मार्ग, मार्गरहित है, हर परिस्थिति में अद्वैत स्वाभाविक रूप से प्रतिष्ठित रहता है, तथापि द्वैत ने अद्वैत को इतना धुंधला कर दिया है, कि यदि लोकभाषा में कहें, तो विविधता ने एकता को इतना ढक लिया है, जिससे मार्गहीन मार्ग भी लंबे जटिल मार्गों से आच्छादित हो गया प्रतीत होता है। जब हम यह कहते हैं कि द्वैत ने अद्वैत को, विविधता ने एकता को ढक लिया है, तो उससे हमारा आशय यह होता है कि बिंदु ने स्वयं को विस्तारित कर लिया है और जब एकता का बिंदु विविधता के बिंदुओं में विस्तारित होता है, तब मार्गहीन मार्ग लम्बे मार्ग में विस्तारित हो जाता है। विडंबना यह है कि अधिकांश पंथ या पीठें नित्य पहुँचे–पहुँचाए मार्ग के स्थान पर इस लंबे मार्ग पर ही बल देती रह जाती हैं, जिससे लक्ष्य तक पहुँचना तो दूर, मार्ग का प्रयोजन ही तिरोहित हो जाता है। लंबे मार्ग पर चलने के कारण व्यक्ति के भीतर का अनुभवकर्ता वास्तविकता से दूर से दूरतर होता चला जाता है। यही सारे दुःखों की अकेली जड़ है।

भावातीत ध्यान क्या है?

भावातीत ध्यान आत्मसाक्षात्कार की ओर मन ले जाने की प्रक्रिया है, एक ऐसी प्रक्रिया, जिसके द्वारा मार्ग रहित मार्ग व्यक्ति के लिए वास्तविकता बन सकता है। भावातीत ध्यान मन को पहले सृष्टि के सूक्ष्मतर स्तरों की ओर ले जाता है, फिर सूक्ष्मतम की ओर और अंततः सूक्ष्मतम से परे मन के भावातीत स्रोत के अखंड परमानंद की ओर ले जाता है। यह किसी वस्तु के बाह्य रूप का नहीं, अपितु उसकी परम मूलसत्ता सहित उसके गहनतम सूक्ष्मतर पक्षों का रसास्वादन कराने की व्यावहारिक युक्ति है। यह एकाग्रता से नितांत भिन्न है। एकाग्रता, जहाँ मन को किसी वस्तु के बाह्य रूप पर स्थिर करती है, वहीं भावातीत ध्यान, एक गतिशील

प्रक्रिया है, जिसमें मन को भीतर की ओर उसके स्रोत तक ले जाने के लिए यत्किंचित माध्यम का प्रयोग किया जाता है। इसी तरह भावातीत ध्यान की तुलना चिंतन से भी नहीं की जा सकती। चिंतन एक ऐसी प्रक्रिया है, जिसमें शास्त्रों के उद्धरण लेकर उनके अर्थ पर विचार किया जाता है। चिंतन तब तक उस सरोवर की सतह पर तैरने के समान है, जब तक कि उसकी समूची सतह का सर्वेक्षण और उसके संपूर्ण विस्तार का ज्ञान प्राप्त नहीं हो जाता। भावातीत ध्यान दूसरी ओर सरोवर की गहराइयों में गोता लगाने के समान है। भावातीत ध्यान मन को चेतनासागर की गहराइयों में ले जाता है। यह मनुष्यत्व को ईश्वरत्व की ओर ले जाने का मार्ग है, मनुष्यता और दैवत्व के मध्य का सेतु है। यह अपूर्णता और पूर्णता, असफलता और सफलता, मानसिक चिंता और शांति, रोग और निरोग तथा अज्ञान और ज्ञान के मध्य का मार्ग है।

भावातीत ध्यान की प्रक्रिया

भावातीत ध्यान जिस प्रक्रिया से मन को स्थूलता से सूक्ष्मता में ले जाता है, वह अत्यंत सरल तथा आनंद की खोज की सहज मानवीय प्रवृत्ति पर आधारित है। मन का मूल स्वभाव अधिकाधिक आनंद की ओर जाना है। वह आनंद जिसका उल्लेख किया जा रहा है, वह न तो विलास, न ही ऐंद्रिक भोग और न ही रोमांच है, अपितु इस शांत–प्रशांत जाग की सुदृढ़ अवस्था है कि 'मैं हूँ'; यह जाग कि मेरी अस्मिता है और यह स्थायी तथा अपरिवर्तनशील है।

हम एक फूल का उदाहरण लेते हैं। जब हम उसे निकट से देखते हैं, तो वह बड़ा दिखाई पड़ता है। यदि वह हमसे शनैः–शनै दूर होता जाता है, तो उसका आकार लघु से लघुतर होता चला जाता है और एक ऐसी दूरी आती है जब वह बिंदु से बड़ा दिखाई

नहीं देता और फूल के रूप में पहचानने योग्य नहीं रह जाता। अंततः वह दृष्टि से पूर्णतया ओझल हो जाता है। इस क्षण यदि हम अपने नेत्र बंद कर लें, तो भी हमें फूल का मानसिक चित्र दिखाई देता रहता है; हम फूल की छवि देखनें में समर्थ रहते हैं।

यदि हम फूल के विचार को भी सूक्ष्म से सूक्ष्मतर स्तरों तक घटाते चले जाएं, तो फूल का विचार ही अंततः विचार के बिंदु में सिमट जाएगा। पुनश्च, जब फूल का विचार सूक्ष्मतम अवस्था में सिमट जाता है, मात्र बिंदु विचार रह जाता है, तो हमारे भीतर का विचारक, अनुभवकर्ता भी तब तक बना रहता है, जब तक बिंदु विचार बना रहता है; जब अनुभव की वस्तु अपने सूक्ष्मतम बिंदु में सिमट जाती है और जब विचार की बिंदु अवस्था से परे हो जाती है, तब वस्तु का अस्तित्व विलीन हो जाता है और व्यक्ति–वस्तु का संबंध समाप्त हो जाता है। ऐसी स्थिति में केवल कर्ता अर्थात् अनुभवकर्ता की अपनी सत्ता ही रह जाती है। यह शुद्ध, अव्यक्त चेतना की अवस्था है, जिसकी प्रकृति विशुद्ध आनंद है तथा जो समस्त सृजनात्मक ऊर्जा एवं ज्ञान का विपुल भंडार है। यह चेतना की, जीवन की परमावस्था है, क्योंकि इसमें मन सृष्टि के सूक्ष्मतम स्तर से भी परे चला जाता है, इसका आशय शुद्ध चेतना की स्थिति में प्रवेश से है, जिसे वैदिकी में सत्–चित्–आनंद और अन्य धर्मों में परमेश्वर के साम्राज्य के रूप में निरूपित किया गया है।

यदि मन को कम और अधिक तृप्ति में से किसी एक का चुनाव करना पड़े, तो वह अधिक को ही चुनेगा। सत्–चित्–आनंद की प्रफुल्ल शांति ऐसी है कि इसकी कदाचित् किसी भी प्रकार के व्यक्त सुख अथवा अनुभूति के साथ तुलना नहीं हो सकती और मन इसे बिना किसी अनुभव अथवा अभ्यास के पहचानता भी है।

यही कारण है कि भावातीत ध्यान की प्रक्रिया प्रयासरहित है – वह मन की स्वाभाविक प्रवृत्ति का अनुसरण करती है; और जब यह प्रक्रिया भीतर की ओर, भावातीत चेतना की ओर, शुद्ध प्रकृति की प्रफुल्लता की ओर अभिमुख हो जाती है, तो मन स्वतः तेजी से उसकी ओर बढ़ता है। यही कारण है कि ध्यान की यह शैली अत्यंत सरल है।

चंचल मन

कुछ लोग ही मन की चंचलता तथा उसके एक स्थान पर न टिककर सदा इधर–उधर विचरण करने की बात से असहमत होंगे। यद्यपि वास्तविकता यह है कि चंचलता मन का मौलिक स्वभाव नहीं है। मन को ऐसे बंदर के रूप में निरूपित करना भ्रांति है, जिसे शांत बैठाने के लिए बहुत दिनों तक नियंत्रित अथवा प्रशिक्षित करना पड़ता है। मन राजाओं का राजा है, किंतु ऐसा राजा है, जो सिंहासन की खोज में है और परमसत्ता के छोटे–छोटे सुख में भी अनवरत थका हारा इस आशा के साथ भटकता रहता है कि कभी न कभी ऐसा आसन मिलेगा, जहाँ परम् शांति और हर ठाठ–बाट होगा। एक बार ऐसा राजसिंहासन मिला नहीं कि मन का भटकना बंद हो जाएगा क्योंकि जब वह तृप्त हो जाएगा, तब भटकने की कामना ही नहीं रहेगी।

यद्यपि हमारे मन की विशिष्टता भटकाव या अशांति थकाने वाली है। परंतु किसी मधुमक्खी के उड़ने के कार्य की तरह यह मन का स्वाभाविक कार्य नहीं है। शहद वाले एक फूल को पाने के लिए मधुमक्खी उड़ती है तथा वह तब तक उड़ती रहती है, जब तक उसकी खोज का प्रयोजन अधूरा रहता है। ऐसा ही मन के साथ है; जब तक उसे वह नहीं मिल जाता, जो उसे सृष्टि

के सापेक्ष क्षेत्र में संतुष्ट करेगा, तब तक वह प्रयोजनरहित अपनी हानि या थकावट का ध्यान किए बिना सदैव और अधिक स्थाई वस्तु की खोज में ही भटकता रहता है।

एकाग्रता मार्ग नहीं है

ध्यान की अनेक प्रणालियाँ हैं, जो अनेक प्रकार से मन को नियंत्रित कर उसे सूक्ष्मता में ले जाने का प्रयास करती हैं। ऐसे सारे प्रयत्न कठिन एवं थकाने वाले होते हैं तथा कुछ भी प्राप्त करने के स्थान पर जीवन को अशांत बनाते हैं। मन नियंत्रित करने की इन पद्धतियों की कठिनाई एवं अपूर्णता के कारण यह धारणा बन गई है कि भगवत्प्राप्ति का मार्ग कठिन है। यह भ्रांति है, जो मन की प्रकृति के अज्ञान से उत्पन्न होती है। मन को एकाग्रता से किसी विशेष दिशा में ठेलने और उसे उसकी स्वाभाविक वृत्ति के माध्यम से उस दिशा की ओर जाने देने में बड़ा अंतर है। हम जानते हैं कि अधिकाधिक सुख की ओर जाना मन की स्वाभाविक वृत्ति है। मन को अंतर्मुखी कर, हम उसका परमानंद, सृजनात्मकता और ज्ञान के क्षेत्रों की ओर जाने का मार्ग प्रशस्त करते हैं। भावातीत ध्यान की हमारी पद्धति इसी सिद्धांत पर आधारित है और इसका ही परिणाम है कि इसका अभ्यास कठिन नहीं है।

भावातीत ध्यान की विशेषता यह है कि इसकी संपूर्ण प्रक्रिया साक्षात् अनुभव की प्रक्रिया है; यह वैज्ञानिक रूप से पुष्ट ऐसी प्रणाली है, जिसमें प्रक्रिया की वैधता पग–पग पर प्रत्यक्ष अनुभव से परखी जाती है। भावातीत ध्यान बौद्धिक रूप से संतुष्ट करने वाली ऐसी खोज है, जिसमें निहित ज्ञान, शुद्ध चेतना की अवस्था के प्रत्यक्ष शीर्ष अनुभव सहित हर अग्रिम स्तर पर परिणाम द्वारा

प्रकाशित होता है। वास्तव में यह तथ्य इस उपमा से भलीभांति समझा जा सकता है कि यह उस 'चिदाकाश' की खोज है, जहाँ जीवन के असली रत्न मिलते हैं और इसका वैज्ञानिक मूल्य और शुभता बाह्य ब्रह्माण्ड की किसी खोज से कहीं बहुत अधिक है। जीवन के मूल तत्व की विशेषताएं त्रिफलकीय हैं। आनंदमय सुख की अपनी विशेषता है और भावातीत ध्यान इस विशिष्टता के कारण परमात्मा तक पहुँचने का साधन है। इसके साथ–साथ चेतना और निरपेक्षता की अपनी विशेषताएं हैं और ये दोनों भी भगवत्प्राप्ति का मार्ग प्रशस्त करती हैं, किंतु ये मार्ग भावातीत ध्यान के मार्ग से भिन्न है।

दैवी चेतना के विशेष गुण के द्वारा आत्मसाक्षात्कार का मार्ग

परमसत्ता सापेक्षता से परे और नित्य है। सापेक्षता का क्षेत्र क्षणभँगुर और सदा परिवर्तनशील है, किंतु परमसत्ता कभी परिवर्तित नहीं होती। इस विशिष्टता द्वारा आत्मसाक्षात्कार का मार्ग विवेक का मार्ग है। एक सन्यासी वह है, जो भिक्षु है और जिसने संसार का परित्याग कर दिया है। सन्यासी संसार की नश्वर, क्षणभँगुर एवं अनित्य प्रकृति पर विचार कर इस निष्कर्ष पर पहुँचता है कि जीवन की आधारभूत वास्तविकता भावातीत है और इसके अतिरिक्त जो कुछ भी है, वह सापेक्ष है। जीवन में यह अवधारणा न केवल बौद्धिक, अपितु भाव और व्यवहार के स्तर पर तीन चरणों में प्राप्त होती है। प्रथम चरण है गुरु को सुनना; सन्यासी के संदर्भ में गुरु की शिक्षाओं में सृष्टि में उत्पन्न वस्तुओं की असारता, क्षणभँगुरता एवं अवास्तविकता पर बल होता है। दूसरा चरण जीवन की आधारभूत वास्तविकता की नित्यता पर विचार है। तीसरे चरण में प्रश्न किया जाता कि जब सब कुछ

अनित्य है, तो जो नित्य है उसकी वास्तविक प्रकृति क्या है ?

विवेक का मार्ग जिस ओर ले जाता है, उसका सार इस श्रुति वाक्य में समाया है – 'तत्वमसि' (वह तू है और यह समस्त उसके अतिरिक्त कुछ भी नहीं है')। विवेक से दैवीतत्व जानने का दृष्टिकोण और जगत की मीमांसा सन्यासी का स्वभाव दैवी प्रकृति के अनुरूप ढालने का मार्ग प्रशस्त करती है। व्यक्त सृष्टि की असारता एवं अनित्यता का विश्वास सुदृढ़ होने पर सन्यासी का मन 'अहम् ब्रह्मास्मि' पर स्थिर होने के लिए स्वतंत्र हो जाता हैं जिसमें 'अस्मि' उसकी अपनी चेतना है, जो शाश्वत तथा नित्य है।

दैवीसत्ता के चित्तगुण द्वारा आत्मसाक्षात्कार का मार्ग

चेतना या जाग, दैवीसत्ता तक पहुँचने का दूसरा मार्ग है। चेतना में ज्ञान एवं सृजनशीलता एक साथ समाहित है, यह शुद्ध ज्ञान एवं अनंत सृजनशीलता है। ज्ञान ऐसे रूप में परिभाषित किया जा सकता है, जो हमें पूर्णता का बोध प्रदान करे और कोई भी पक्ष अज्ञात न रहने दे। पूर्णता का अर्थ है अव्यक्त की वास्तविक प्रकृति, जो स्वयं चेतना है। चेतना ऐसा गुण है, जो व्यक्त जीवन में लहराना चाहिए; यदि यह जीवन में पूर्णतया लहराती है, तब व्यक्त जगत् में कुछ भी अज्ञात नहीं रह जाता। चेतना द्वारा भगवत्प्राप्ति के मार्ग में चेतना आत्मचेतना अथवा आत्मबोध कायम रखने के लिए प्रयुक्त होती है।

आत्मबोध कैसे कायम रहे ? क्या होता है, जब हम कोई फूल देखते हैं? फूल मन पर पूरी तरह छा जाता है; मन में जो भी है, फूल उसे सोख लेता है। कहने का आशय फूल देखने की

प्रक्रिया में द्रष्टा दृश्य हो जाता है, अनुभवकर्ता खो जाता है, फूल अकेला रह जाता है। यह आत्मा का पूर्णतया खो जाना है। चेतना के मार्ग की अपेक्षा रहती है कि फूल का अनुभव करते समय अनुभवकर्ता की अपनी सत्ता की जाग बनी रहे, ताकि अनुभवकर्ता की अपनी पहचान फूल के अनुभव में विलीन न हो जाए।

इस प्रक्रिया की अपरिहार्य युक्ति यह है कि आत्मचेतना की जाग जीवन में लहराए। ऐसा नहीं होना चाहिए कि मन दो भागों में विभक्त हो जाए, जिसमें एक भाग फूल को देखता रहे और दूसरा पृथक् रूप से सजगता बनाए रखने में संबद्ध रहे। ऐसा होना युक्तिसंगत नहीं होगा। मन के ऐसे विभाजन से आत्मा की जाग की वास्तविक स्थिति प्राप्त करना संभव नहीं होगा।

वस्तुतः आत्मजाग की वास्तविक अवस्था की प्राप्ति इस बात पर निर्भर करती है कि शुद्ध चेतना का अनुभव हुआ है कि नहीं; जब तक ऐसा नहीं हो जाता, चाहे वह अल्पकाल के लिए ही क्यों न हुआ हो। सीधी सी बात है तब तक व्यक्ति यह नहीं जान सकता कि वह क्या है, जिसे वह प्राप्त करना चाहता है। जब तक शुद्ध चेतना अथवा समाधि का किंचित अनुभव नहीं होता, तब तक मन के विभाजन की निरर्थक तकनीक का अभ्यास ऐसे ही होता रहता है, चाहे व्यक्ति इसे सही माने या गलत। समाधि के अनुभव के बिना आत्मजागृति की बात आत्मछल के अतिरिक्त कुछ और नहीं हो सकती।

एकदा मनुष्य सच्ची आत्म–जाग का अनुभव करना प्रारंभ कर दे, भले ही क्षणिक ही क्यों न हो, वह चेतना के माध्यम से भगवद्मार्ग पर आरूढ़ हो जाता है। यह राजयोग का मार्ग है।

आत्मा शुद्ध चेतना है। यह समस्त भूतों, अहंकार एवं बुद्धि की समस्त क्रियाओं और इंद्रियों के समस्त अनुभव का मूक साक्षी है। क्रियारहित होकर यह अपनी प्रकृति में पूर्ण शांति का आगार है। अतएव राजयोग का मार्ग दैवी एवं नित्य शांति में केंद्रित होकर जीने की प्रक्रिया जैसा है।

इस संदर्भ में यह जानना अत्यंत महत्वपूर्ण है कि आत्म–जागृति में जीने की प्रक्रिया प्राकृतिक एवं सहज होने के साथ शुद्ध चेतना की प्रारंभिक झलक से विकसित होनी चाहिए। ध्यान बांटने वाली क्रिया पर आधारित आत्म–जागृति का छलावा किसी के लिए भी लाभकारी नहीं है; वास्तव में इससे मन मलिन ही होता है। मन को बौद्धिक रूप से विभाजित करने वाला अभ्यास चाहे कितने भी समय तक जारी रखा जाए, उसका अभ्यास करने वाला व्यक्ति न तो अंतर्मुखी और न ही बहिर्मुखी हो पाता है और मानसिक जड़ता की ओर अग्रसर होता है। इस प्रकार अपनी मानसिक कुशाग्रता भोथरी होने के कारण, न तो वह लौकिक जगत में सफल होगा और दैवी प्रकृति भी उसके लिए जीवन की वास्तविकता बनने के स्थान पर कल्पना की वस्तु और मानसिक माधुर्य बन कर ही रह जाएगी।

दक्षिण भारत में एक प्रोफेसर थे। उन्होंनें अनेक पुस्तकें पढ़ीं और उनसे प्राप्त अधकचरी समझ के आधार पर मन का विभाजन करने वाले अभ्यास से आत्म–जागरण का प्रयास करने लगे। लगभग छः महीने के पश्चात् उन्होंने अनुभव किया कि कक्षा में एक दिन पढ़ाते समय अचानक अवाक् रह गए, विचारों का स्वाभाविक प्रवाह रुक गया। हमने उनसे पूछा, "यह कैसी जाग है, जिसे आप पूर्णता कह रहे हैं, किंतु वह आपको मानसिक जड़ता की ओर ले जा रही है ? इससे तो मन और अधिक कुशाग्र और

धारदार होना चाहिए, तलवार की नोक से भी अधिक धारदार, क्योंकि भावातीत सत्ता का अनुभव दैवी चेतना का अनुभव होता है"।

यह स्पष्ट है कि जिस किसी अभ्यास से मानसिक जड़ता एवं स्मृतिभ्रंश हो, वह अभ्यास भ्रामक एवं मिथ्या होगा। आत्मजाग की युक्तिसंगत शैली से मानसिक जड़ता उत्पन्न हो ही नहीं सकती। आत्मज्ञानी होने की योग्यता प्राप्त करने के लिए मनुष्य को सर्वप्रथम् सृष्टि के सूक्ष्मतम क्षेत्रों का अनुभव प्राप्त करना चाहिए और इसके लिए अनुभव करने की उसकी क्षमता उच्चतम स्तर तक विकसित होनी चाहिए; ऐसा होने पर ही उसकी वर्तमान क्षमताएं भोथरी नहीं पड़ेंगी, अपितु वह उन्हें और अधिक प्रखर बनाने के साथ उनकी गुप्त शक्तियों का विकास भी कर सकेगा।

दक्षिण भारत के प्रोफेसर की सच्चाई पर जाएं, तो स्पष्ट है कि वह स्वयं को छल रहे थे। जिस मानसिक अस्पष्टता और स्मृतिभ्रंश को वह दैवीचेतना के उदय के रूप में ले रहे थे, वह वास्तव में इस बात का लक्षण था कि वह भगवद्सत्ता से और दूर हो रहे हैं।

स्मृतिभ्रंश का प्रश्न अत्यंत रोचक है। क्या होता है जब हमें भूलने का आभास होता है, हम वास्तव में भूलते नहीं हैं, क्योंकि ऐसा कुछ नहीं है जो असाध्य रूप से विस्मरणीय हो; यह तो मात्र किसी दोषपूर्ण अभ्यास का मलीन प्रभाव अथवा अपकृत्य होता है, जिससे मन की स्मरण करने की क्षमता प्रभावित होती है। जब चेतना की सूक्ष्म अवस्था पूर्णता के साथ जीवन में लहराती है, तो कुछ भी भूलने की आवश्यकता नहीं पड़ती।

आत्मसाक्षात्कार हुआ कि अंदर आ रहे विचारों की छाप गहराई तक जाने और अनुभवकर्ता के विचलित होने पर विराम लग गया। ये छाप मन की उसी सतह पर ठहर जाती है, जहाँ रुकना चाहिए।

यह ऐसा है जैसे विचारों की छाप जल की सतह पर खींची गई हो, जो एक क्षण पर पूर्णतया दृश्यमान रहती है और दूसरे क्षण में पूर्णतया अदृश्य। क्रमागत रूप से सिद्ध (ज्ञानी) मन में अनुभवों की तुलना स्फटिक दर्पण में एक रंगीन वस्तु के प्रतिबिंबों से की जा सकती है। जब वे वहाँ होते हैं, प्रतिबिंबित होते हैं, किंतु जैसे ही उन्हें हटा लिया जाता है, स्फटिक दर्पण अपनी शुद्ध रंगहीनता की निर्मल अवस्था में आ जाता है। इसी प्रकार मनरूपी स्फटिक दर्पण की शुद्धता एवं रंगहीनता, विचारों की छाप से जकड़ती और विचलित नहीं होती, जैसी आत्मसाक्षात्कार से पूर्व हो जाया करती थी।

आत्मजाग की पूर्ण और स्थायी प्राप्ति से चेतना की जिस अवस्था का विकास होता है, वह मन के स्वभाव का अंग बन जाती है और दिन के आठों प्रहर कायम रहती है। यह मन को लौकिक जगत् के अनुभवों को ग्रहण करने से नहीं रोकती, किंतु यह उन अनुभवों को मन में अनावश्यक रुप से गहरे जाने और जकड़ने पर विराम अवश्य लगाती है।

बौद्धिक अनुशासन से जाग बनाए रखने का प्रयास निरी मूर्खता है। जाग कोई ऐसी वस्तु नहीं है, जिसे बाहर से बनाए रखा जा सके। राजयोग के शिक्षक अपने शिष्यों को इस बात के प्रति सावधान करने में बड़े सजग रहते हैं कि वे आत्मजाग बनाए रखने के लिए मन को कदापि न उलझाएं। वे सिखाते हैं कि

आत्मजाग ऐसा अनुभव है, जो जीवन में सहज रूप से वैसे ही लहराता है, जैसे कोई वस्तु कहीं बिना प्रयास के विद्यमान होती है। आत्मजाग की कल्पना, विचारों में परमात्मा के मनोमाधुर्य की उड़ान भरने के अतिरिक्त कुछ नहीं है। जिन श्रद्धालुओं ने किसी सुयोग्य शिक्षक या आचार्य से ध्यान नहीं सीखा, वे बड़ी सुगमता से इस मरीचिका में फंस जाते हैं; वे कल्पना में ही ब्रह्माण्ड का विस्तार अनंतता तक देखना प्रारंभ कर सकते हैं, सोचने लग सकते हैं कि उन्हें पारलौकिक जीवन का अनुभव होना प्रारंभ हो गया है। यह आत्मसम्मोहन की स्थिति है। यह दैवी चेतना के साथ वैचारिक खेल मात्र हो सकता है, न कि उस दैवी वास्तविकता की प्राप्ति, जो भावातीत सत्ता एवं शुद्ध चेतना की अवस्था है।

आनंद–गुण द्वारा आत्मसाक्षात्कार का मार्ग

अब सत्–चित्–आनंद में आनंद के गुण द्वारा भगवद्मार्ग पर विचार करने की बारी है। यह मार्ग हमारे लिए दूसरे मार्गों की अपेक्षा कहीं अधिक रोचक है, क्योंकि यह गृहस्थ की आवश्यकताओं के सर्वथा उपयुक्त है – गृहस्थ जो सगुण जीवन में है, जिसने लौकिक जीवन अंगीकार किया हुआ है तथा जो जीवन में स्वाभाविक रूप से भौतिक सफलता और तृप्ति के साथ–साथ चेतना प्राप्ति की जिज्ञासा भी संजोए है। चित्–गुण पर आधारित विवेक का मार्ग, गृहस्थ के लिए सर्वथा अनुपयुक्त है, क्योंकि इसमें सांसारिक क्रियाकलापों का महत्व नकारने तथा लौकिक अनुभव के बहिष्कार की आवश्यकता होती है। चित्–गुण पर आधारित मार्ग, गृहस्थ के लिए थोड़ा ही सन्यास के मार्ग से अधिक उपयुक्त हो, क्योंकि आत्मचेतना की जाग में अधिकाधिक जीने के लिए यह आवश्यक है कि मन विविधता के अनुभव में उलझा न रहे।

सन्यासी चाहे सद्‌गुण मार्ग पर चले अथवा चित्–गुण के, उसे अनुभव के सीमित क्षेत्र में रहना आवश्यक होता है। उदाहरणार्थ, वह साधु के रूप में निश्चिंत होकर किसी गुफा में रहेगा, जिससे उसका ध्यान लौकिक अपेक्षाओं की ओर कम से कम जाएगा। प्रातः एवं सायं यथा संभव वह समाधि में रहेगा और जब बाहर आएगा, तब समाधि से प्राप्त उच्च चेतना में जीवन जीने की ओर उन्मुख रहेगा। यद्यपि इस समय उसमें जितना स्वल्पतम संभव हो सकेगा, उतना स्वल्प अहंकार और स्वल्प बुद्धि होगी। यदि सन्यासी नानाविधि लौकिक अनुभव के जगत् में रहा, तो उसके मन के अधिकाधिक दिनचर्या के क्रियाकलापों में लिप्त हो जाने के कारण, आत्मजाग को उसके जीवन में लहराते रहने का अवकाश नहीं होगा। वस्तुतः लौकिक जीवन की अपेक्षाओं की ओर ध्यान जाने के कारण उसके बौद्धिक आत्मजाग की भ्रांति में फंसने की आशंका प्रबल होती है। जैसे ही किसी व्यक्ति को किसी क्रिया अथवा व्यवसाय में पूरी तरह से स्वयं को लीन करने की आवश्यकता पड़ती है, तब आत्मसिद्धि से रहित व्यक्ति के लिए आत्मचेतना को जीवन में उतारने की संभावना लुप्त हो जाती है।

अस्तु, सांसारिक मनुष्य अथवा गृहस्थ के लिए सन्यासी के उपरोक्त दोनों मार्ग पूर्णतया अनुपयुक्त सिद्ध होते हैं और यदि उन पर चलने का प्रयास किया जाता है, तो वे मात्र हताशा एवं विफलता की ओर ले जाएंगे।

परमात्मा के तीन गुणों में से आनंद–गुण ही ऐसा है, जिसके द्वारा हम अपना मार्ग खोजेंगे। हम सत् का चिंतन नहीं करते; हम बौद्धिक रूप से चित् को खोजते अथवा उसके विषय में विचार भी नहीं करते। इसके स्थान पर शुद्ध चेतना का अनुभव करने के लिए हम परमात्मा के आनंद–गुण का आश्रय लेते हैं। हम इस

तथ्य पर विश्वास करते हैं कि भावातीत सत्ता का आनंद मन के लिए परम आकर्षण और प्रलोभन का विषय है। ऐसा कोई मन नहीं है, जो इस आकर्षण का अनुभव न करे। जिस प्रकार जल ढलान से नीचे की ओर बहता है, वैसे ही मन अधिकाधिक सुख के क्षेत्र की ओर भागता रहता है। मन को अभ्यास नहीं करना पड़ता, अपितु ऐसी वस्तु के प्रति केवल आकर्षित होना होता है, जो पहले से ही उसके स्वभाव का अंग है और उससे अभिन्न है।

उपनिषद् जीवन की वास्तविकता के बारे में, सच्चिदानंद सत्ता के बारे में *"अणोरणीयान महतोमहीयान्"* का घोष करते हैं यह अणु से भी सूक्ष्म तथा महान् से भी महान् है। अतएव यहाँ पर जीवन की वास्तविकता की इस परिभाषा का दर्शन होता है; वह जो सृष्टि के सृजन की अपारता से भी विशाल है, वह भावातीत सत्ता है और वह ही जीवन की एकमात्र वास्तविकता है, सच्चाई है तथा वह जो सृष्टि के सृजन के सूक्ष्मतम कण से भी सूक्ष्मतर है, वह ही जीवन की वास्तविकता है। पुनश्च, यह वास्तविकता भी भावातीत स्थिति है। अब प्रश्न आता है कि इस भावातीत वास्तविकता का कैसे अनुभव किया जा सकता है ? जिस मार्ग से इस वास्तविकता का अनुभव किया जा सकता है, उसका वर्णन इस वास्तविकता की परिभाषा में अंतर्निहित है। जीवन की यह वास्तविकता सूक्ष्मतम से सूक्ष्मतर है। बस सूक्ष्मतम सृष्टि से परे इस क्षेत्र में पहुँचो और तुम अनुभव करोगे कि तुम वहाँ पहुँच गए, साथ ही वहाँ भी, जो महतत्व से भी परे है।

यद्यपि जीवन की वास्तविकता के वर्णन के रूप में ये शब्द अपर्याप्त हैं, किंतु इनमें वास्तविकता तक पहुँचने का मार्ग उसमें अंतर्निहित है। 'समस्त स्थूल अनुभव पीछे छोड़ दो, सूक्ष्मतम अनुभव के क्षेत्र में आगे बढ़ो और इस सूक्ष्मता से भी परे

जाओ' और, आगे बढ़ने के लिए मन को केवल भीतर की ओर, आनंद–सुख के प्रकाश की ओर आमुख करना आवश्यक है। ऐसा हुआ, तो मन इस ओर वैसे ही दौड़ पड़ेगा, जैसे जल ढाल की ओर तेजी से बहता है।

जब मन ने व्यक्त सृष्टि के सूक्ष्मतम पक्ष से परे जाने की अपनी यात्रा पूरी कर ली, जहाँ दृश्य, ध्वनि अथवा स्वाद का ऐंद्रिक अनुभव भावातीत बिंदु तक सूक्ष्म हो गया और अनुभवकर्ता नितांत एकांत में कैवल्य की अवस्था में पहुँच गया, तब इस स्थिति को योग कहते हैं।

महर्षि पतंजलि ने 'योग' की परिभाषा में कहा है – *"योगश्चित्तवृत्तिनिरोधः"* जब मन के भटकने की वृत्ति निरुद्ध हो जाती है, उसे 'योग' कहते हैं और इस प्रकार यह अधोवृत्ति का ऊर्ध्ववृत्ति में मिलना है, मनुष्य का परमात्मा के साथ योग है।

अति उत्तम, किंतु प्रश्न उठते हैं। उदाहरण के लिए निद्रा में मन शांत हो जाता है और उसका भटकना रुक जाता है; क्या यह योग है ? अपनी परिभाषा स्पष्ट करने के लिए महर्षि पतंजलि आगे कहते हैं – *"कैवल्यम् स्वरूप प्रतिष्ठा व"* योग की स्थिति में अनुभवकर्ता अकेला रह जाता है'। जब अनुभवकर्ता अकेला रह जाता है, तो उसके लिए कुछ भी अनुभव करने के लिए शेष नहीं रहता तथा व्यष्टि मन समष्टि मन में विलीन होकर तद्रूप हो जाता है। किंतु, जब तक अनुभव करने के लिए कुछ भी है, तब तक अनुभवकर्ता की वैयक्तिकता बनी रहती है। यह अनुभवकर्ता की वैयक्तिकता है, जिससे वह लौकिक जगत् की वस्तुओं का अनुभव करता है।

जब तक अनुभव, अनुभवकर्ता तथा अनुभव करने की क्रियाविधि का त्रिफलकीय संबंध विद्यमान रहता है, तब तक वैयक्तिकता रहती है और मन लौकिक सृष्टि के क्षेत्र में ठहरता है। किंतु जब अनुभव एवं अनुभवकर्ता एक हो जाते हैं, जब वस्तु कर्ता में विलीन और आत्मसात् हो जाती है, तो त्रिफलकीय संबंध समाप्त होकर शुद्ध चेतना के कैवल्य का आधार बनता है। पदार्थ जिसने आत्मा को आच्छादित कर लिया था, अब स्वयं आत्मा के अधिकार में हो गया है; यह होनी ही मन अथवा आत्मा की पदार्थ के ऊपर विजय है।

पदार्थ मोहक हो सकता है, किन्तु आत्मा महिमामय है। भारतवर्ष में एक कथा है कि असुरों ने पृथ्वी को जीता और जल में डुबो दिया और देवताओं ने आकर पृथ्वी की जल से रक्षा की। यह दृष्टांत है, जो यह दर्शाता है कि आत्मा को भौतिक जगत् की चमक–दमक से मोहित और छले जाने पर अपना समुचित आधिपत्य कैसे पुनः प्राप्त करना है।

इसका यह अर्थ नहीं है कि भौतिक जगत हेय अथवा त्याज्य है, अपितु सच्चाई यह है कि केवल पुनर्जाग्रत आत्मा के प्रकाश में ही भौतिक महिमाएं और अधिक संवर्धित हो सकती हैं। वास्तविक बलवान् वे होते हैं, जो अपने शत्रु को पराजित कर तथा निर्भय होकर उसे और अधिक स्वतंत्र कर देते हैं, उसका और अधिक ध्यान रखते हैं और उसकी कल्याण वृद्धि में स्वयं को लगा देते हैं। यही वह बात है, जो भावातीत ध्यान उस भौतिक जगत् के लिए कर सकता है, जिसमें पदार्थ अत्यन्त लंबे समय से आत्मा को पराजित करता चला आ रहा है।

एकदा, व्यष्टि मन परमानंदमयी चेतना में पहुँचा और समष्टि मन के साथ एक हुआ, बस यौगिक अवस्था में प्रतिष्ठित हो

गया। इस अवस्था के पश्चात् जब वह बाहर आएगा, तो स्वयं को समष्टि मन के गुणों से व्याप्त और ओतप्रोत पाएगा।

आरम्भ में यह अवस्था न तो पूर्ण होगी और न ही टिकी रहेगी, किंतु भावातीत ध्यान के नियमित अभ्यास से यह अधिकाधिक होती जाएगी तथा दीर्घ से दीर्घतर अंतराल तक कायम रहेगी। अन्ततोगत्वा एक समय ऐसा आएगा जब सत्–चित्–आनंद की अवस्था जीवन में भरपूर एवं पूर्णतया लहराने लगती है और जब ऐसा हो जाता है, तो मनुष्य को जीवन में अभीष्ट की प्राप्ति हो जाती है। यह अवस्था पराचेतना (तुरीयातीत चेतना) कहलाती है और जिसके जीवन में यह लहराती है, वह सृष्टि के व्यक्त एवं अव्यक्त दोनों क्षेत्रों में साथ–साथ दिव्य जीवन जीता है।

इस सिद्धांत का एक महत्वपूर्ण पक्ष बचा है, जिस पर स्पष्टीकरण की आवश्यकता है। हम लंबे समय से मनुष्य में दैवीतत्व की सिद्धि की बात करते आ रहे हैं और इस कड़ी में इसका व्यक्त जगत् में विवेचन भी करते आ रहे हैं। यद्यपि सरलता की दृष्टि से यह युक्तिसंगत विवेचन है, तथापि यह पूर्ण सत्य का उदघाटन नहीं करता। अनेक बार ऐसा लगता है कि हम किसी यात्रा की बात कर रहे होते हैं, जबकि वास्तविकता में उसमें यात्रा जैसी कोई चीज नहीं होती। अब सत्–चित्–आनंद की ओर यात्रा का ही उदाहरण लें। वहाँ कोई यात्रा कैसे हो सकती है, जो सर्वव्यापी है और समस्त सृष्टि का अपरिहार्य घटक है ? यात्रा का भ्रम केवल इस तथ्य के कारण उत्पन्न हुआ है कि अज्ञानी मनुष्य में सत्–चित्–आनंद की सत्ता स्थूल ऐंद्रिक अनुभव से मन पर पड़ी लगातार छापों के कारण धुंधली होकर छिप गई है। जो एकमात्र यात्रा की जाती है, वह विषयनिष्ठता के आवरण से होती है, जिसकी कोई मोटाई नहीं होती और इस यात्रा का उद्देश्य

मन को उसकी अपनी मूल प्रकृति से अवगत कराना होता है। *एकदा* मन ने जाना कि 'मैं वही हूँ' भौतिक वस्तुओं की स्थूलता का उस पर पूर्ण रूप से अधिकार चला गया; मन उस सूक्ष्म गुण का रसास्वादन करने लगा, जो अतीव स्थूलता एवं भौतिकता का आधार तथा अंग है।

जल को उसकी शुद्ध एवं रंगहीन स्थिति में देखकर हम जान जाएंगे कि जल तरल एवं पारदर्शी है। हमारे नेत्र बर्फ के ठोसपन एवं धुंधलापन को देखते रहेंगे, किंतु हमें पता रहेगा कि उसका रूप–रंग केवल सापेक्ष है और इसके मूल में जल की तरलता एवं स्वच्छता ही निहित है। हम जो भी देख या अनुभव कर सकें, उस आधार पर यह कह सकेंगे कि यद्यपि मैं इसे देख या अनुभव कर रहा हूँ तथापि इसके बारे में मेरा ज्ञान इसके दृश्य या अनुभव तक सीमित नहीं है और यह न केवल बौद्धिक या कल्पनात्मक क्रिया के रूप से, अपितु हमारी संपूर्ण चेतना के स्तर पर सच होगा; क्योंकि समस्त आत्मा के स्तर पर जीने के अर्थ में चेतना तथा चेतना को विस्तारित करने के प्रयास में बुद्धि के कल्पनाशील भाग का प्रयोग करने के मध्य बड़ा अंतर है।

जब हम सच्चिदानंद सत्ता पर उसके तीन पक्षों के संदर्भ में विचार करते हैं, तब इस तथ्य की सूक्ष्मता में जाना आवश्यक होता है कि तीनों मार्ग पारस्परिक रूप से विशिष्ट हैं। यदि हम सत् पक्ष द्वारा परमात्मा तक पहुँचने का मार्ग चुनते हैं, तब हमारे लिए आनंद तथा चित्–पक्ष के द्वार बंद हो जाएंगे; इसी प्रकार चित् का मार्ग मनुष्य को सत् एवं आनंद–पक्षों के अनुभव से वंचित कर देगा। वास्तव में जीवन शैली के रूप में भावातीत ध्यान के अभ्यास में हम तीनों गुणों में से किसी पर भी यहाँ तक कि आनंद के गुण पर भी विचार अथवा पड़ताल नहीं करते। हम आनंद गुण

का प्रयोग इसलिए करते हैं, क्योंकि हमें आनंद का गुण आकर्षित करता है और बिना किसी प्रयास या बुद्धि विलास के भोले भाव से अपने लक्ष्य की ओर ले जाता है।

दुर्भाग्यवश, अपनी साधना सत् और चित्–गुणों के मार्ग से प्रारंभ करने वाले कतिपय जिज्ञासु यह सोचते हैं कि उन्होंने आनंद के मार्ग से मुँह मोड़ा हुआ है या यह कि वे जिन मार्गों पर चल रहे हैं, वे मार्ग लंबे, दुरूह तथा दुर्गम हैं और सन्यासियों के अतिरिक्त किसी के लिए भी अव्यवहारिक हैं। दूसरी ओर भावातीत ध्यान का मार्ग सन्यासियों सहित सबके लिए व्यावहारिक एवं प्रयासरहित है।

उच्चतर चेतना का विकास

सार्वभौम समष्टि मन के साथ योगस्थ होकर व्यष्टि मन समष्टि की सत्ता और अनुभव के उस क्षेत्र में प्रवेश करता है, जिसमें किसी प्रकार का, यहाँ तक कि देश और काल का भी बंधन नहीं है। योग की यह स्थिति सनस्त सच्चे धर्मों को ज्ञात है; ईसाई के लिए यह परमेश्वर का राज्य, बौद्ध के लिए निर्वाण तथा भगवद्गीता एवं उपनिषदों की भाषा में आत्मानंद है।

सामान्य व्यक्ति या गृहस्थ के लिए यह दुःसाध्य रूप से ऊँचा लक्ष्य प्रतीत हो सकता है; भले यह ऊँचा भी हो, किंतु इसे भावातीत ध्यान के अभ्यास से आसानी से प्राप्त किया जा सकता है। इसके लिए बस इतना ही करना आवश्यक होता है कि भोले भाव से बिना किसी शीघ्रता या दबाव के जैसा बताया गया है, भावातीत ध्यान का अभ्यास किया जाए।

योग की अवस्था की प्राप्ति होने से अन्य गुण स्वमेव आते हैं। आत्मचेतना सृजनशीलता का स्रोत है तथा जिस सृजनात्मक शक्ति की वह बनी है, उसे शिक्षा के समस्त पक्षों, जीवन के समस्त क्रियाकलापों, समस्त ज्ञान, शांति, शक्ति तथा सुख की ओर प्रवाहित किया जा सकता है। यह ऐसी शक्ति है, जिसे मानव व्यक्तित्व के विकास में उसकी पराकाष्ठा तक प्रयुक्त किया जा सकता है तथा यही व्यक्तित्व का वह उत्कृष्ट विकास है, जिसका हम उच्चतर चेतना के विकास के रूप में उल्लेख करते हैं।

सार्वभौम समष्टि मन के साथ योग की स्थिति में व्यष्टि का मन व्यष्टि नहीं रह जाता। चेतना व्यक्तिगत चेतना के रूप में नहीं रह जाती, अपितु सापेक्ष जगत की व्यवस्था से पूरी तरह पृथक् होकर परम चेतना हो जाती है।

योग प्राप्ति का विवेचन प्रायः चेतना के विस्तार के रूप में किया जाता है, किंतु चेतना, चेतना के रूप में कभी भी विस्तारित नहीं होती। व्यक्ति मन विस्तारित होता है तथा विस्तारित होने में शुद्ध चेतना बन जाता है। इस प्रकार 'चेतना का विस्तार' वास्तव में शाब्दिक विरोधाभास है। चेतना तो पहले से ही व्यापक एवं पूर्ण है और विस्तारित नहीं हो सकती, किंतु मन की क्षमताएं विस्तारित हो सकती हैं – उस बिंदु तक, जहाँ व्यक्तिगत वैयक्तिकता समस्त वैयक्तिकताओं की सर्वोच्च सत्ता, समष्टि की सत्ता के एकत्व में रूपांतरित हो जाती है।

समस्त धर्मशास्त्रों में विशुद्धता पर, व्यक्ति के जीवन के शुद्धीकरण पर पर्याप्त ध्यान दिया गया है। शुद्धीकरण का वास्तविक अर्थ है मन का विस्तार। जब मन अपनी सीमाओं के कारण सृष्टि के स्थूल पक्षों तक सीमित होगा, तब अपने में स्थूल अथवा मलिन

होगा। परंतु जैसे ही मन की सीमाएं विलीन होंगी तथा अनुभव करने की इसकी क्षमता सूक्ष्म से सूक्ष्मतर क्षेत्रों में विस्तारित होगी, इसकी स्थूलता कम होगी और यह निर्मल हो जाएगा।

जब हम किसी फूल को देखते हैं, तब हम अपनी इंद्रियगोचरता के स्थूल पक्ष का प्रयोग कर रहे होते हैं। जब हम अपने नेत्र बंद कर लेते हैं और उसी फूल का मानसिक चित्र खींचते हैं, तब हम दर्शनेंद्रिय की सूक्ष्मतर क्रिया काम में ला रहे होते हैं और हम स्थूलता को अपेक्षाकृत कम स्तर से देखना प्रारंभ कर रहे होते हैं। भावातीत ध्यान में जब हम परिष्कार अथवा शुद्धिकरण की इसी प्रक्रिया को उसके निष्कर्ष तक ले जाते हैं, तब हम अनुभव के आगार के गहनतर पक्षों को आडोलित और सक्रिय कर रहे होते हैं। अस्तु, भावातीत ध्यान मन की गहनतर परतें खोलने की प्रक्रिया है।

जो मन शुद्ध चेतना के क्षेत्र में प्रवेश पा लेता है, उसकी विशिष्टता यह होती है कि वह उत्तरोत्तर बलवान्, दृढ़चित्त और एकाग्र हो जाता है। यह भावातीत ध्यान का प्रत्यक्ष परिणाम है, जो मन के गहनतर एवं अब तक शांत क्षेत्रों को क्रियाशील बनाता है। समुद्र में ठंडी हवा या जल पर कंकड़ फेंकने से सतह पर जो हलचल होती हैं, उस हलचल से उत्पन्न तरंगों की शक्ति अत्यंत क्षीण होती हैं। वे सतह पर क्षणभँगुर लहरियों से अधिक नहीं होतीं। परंतु जब समुद्र के गहन स्तर प्रभावित होते हैं, तब एक के बाद एक भँवर इतनी बलशाली हो सकती है कि जहाज को डुबो या जमीन का सफाया कर सकती है। इसी प्रकार मन के साथ है; भावातीत ध्यान ऐसी युक्ति है, जो सतही हलचल को इस ढंग से प्रयुक्त कर सकती है कि वे संकल्प की बलशाली तरंगें बन जाती हैं।

बाह्य जीवन तथा आंतरिक जीवन पृथक नहीं हैं; वे हमारे जीवन की संपूर्णता के दो पक्ष हैं। एक घर का उदाहरण लेते हैं, जिसमें एक दालान और एक बैठक है। हमारे अंदर ऐसी योग्यता होनी चाहिए कि जब चाहें बाह्य जीवन की ठंडक का आनंद लेने के लिए बाहर दालान में चले जाएं और जब चाहें आध्यात्मिक जीवन की गर्माहट का आनंद लेने के लिए अंदर बैठक में आ जाएं। कोई आश्चर्य नहीं यदि हमें दालान में बाहर अपना सारा समय बिताना पड़े, तो हम ठंड से कांपने लग जाएं। हम सबके पास ऐसा घर है, जिसमें हर प्रकार के सुख साधन जुटाए गए हैं, तथापि हममें से अनेक लोग ऐसे हैं, जो उसके उत्तम अर्धभाग की उपेक्षा कर देते हैं। अतः यह स्पष्ट है कि आदर्श जीवन में दालान की ठंडक तथा बैठक की गर्माहट, दोनों साथ–साथ होनी चाहिए। यह केवल तब ही संभव है कि जब हम बाहर दालान में जाएं, तो बैठक की गर्माहट अपने साथ ले आएं। यदि हम दालान तथा बैठक के मध्य खड़े होने का प्रयास करें, तो बहुत ही असहज अनुभव करेंगे और सामने से ठंडा तथा पीछे से गर्माहट का अनुभव करेंगे, तो यह मार्ग भी ठीक नहीं हुआ। उपयुक्त मार्ग होगा बिना किसी बाधा के पूरी तरह से भीतर बैठक के केंद्र में जाना और वहाँ की ऊष्णता पूर्णरूपेण इस प्रकार आत्मसात करना कि जब बाहर जाएं, तब भी हमारी चेतना में गर्माहट बनी रहे। तदुपरांत, अपने अंदर गर्माहट के साथ जब हम सीधे दालान में आएं, तो बरामदे के दृश्यों और क्रियाकलापों से बाधित हुए बिना पूरी तरह अपने से सरोकार रखें।

जीवन के सापेक्ष जगत् में विविधता का अनुभव करते हुए आध्यात्मिक गर्माहट बनाए रखना ऐसी बात है, जो भावातीत ध्यान के अभ्यास से स्वभावतः प्राप्त होती है। यदि हम किसी श्वेत वस्त्र को पीला रंगना चाहते हैं, तो हम उसे पीले रंग में डुबाते हैं। जब

हम उसे बाहर निकालते हैं, तो हम अनुभव करते हैं कि वह रंग सुर्ख नहीं है तथा धूप में फीका होने लगता है। इसलिए, हम उसे पीले रंग में बार–बार डुबाते हैं। एक बार हमने रंग में वस्त्र डुबाना प्रारंभ कर दिया, तो पीला रंग पूरी तरह से फीका नहीं पड़ता और नियमित रंगाई से पीला रंग अंततः स्थायी रूप ले लेता है। ऐसी ही तुरीयातीत चेतना की, पराचेतना की अवस्था है, जो भावातीत ध्यान के नियमित अभ्यास से प्राप्त होती है।

सुसुप्त शक्तियों का जागरण

भावातीत ध्यान की प्रक्रिया की तुलना निजी अस्तित्व की गहराइयों में ऐसा गोता लगाने से की जा सकती है, जो मन के उन स्तरों तक पहुँचता है, जिसे आधुनिक मनोविज्ञान की भाषा में अवचेतन (सबकॉन्सस) और अधिचेतन (सुपरकॉन्सस) कहा जाता है। अपने में ही गोता लगाने की यह प्रक्रिया जैसे ही इन तक पहुँचती है, ये स्तर जगमगा उठते है, सक्रिय हो जाते हैं और जो स्तर अब तक सुप्त अथवा सजग नियंत्रण में नहीं थे, वे चैतन्य होकर नियंत्रण में आ जाते हैं।

उदाहरण के लिए हमारे अंदर विचार आता है कि 'मैं फूल देखता हूँ, इस विचार का संज्ञान हमें तब होता है, जब वह मन के सचेतन स्तर तक पहुँचता है, किंतु हम यह नहीं जानते कि यह विचार कहाँ से और कैसे उत्पन्न हुआ और किन स्तरों से होकर वह मानसिक संज्ञान के स्तर पर आया। समझने के लिए विचार की प्रक्रिया वैसी ही है, जैसे कोई बुलबुला सागर की तलहटी से उठता है और गहराइयों से होता हुआ अंततोगत्वा जल की ऊपरी सतह पर पहुँचता है। क्योंकि हम *अभ्यस्ततः* प्रायः मन की सतह पर ही रहते हैं, अतः हमारे विचार के बुलबुले हमारी चेतना में तब

तक गोचर नहीं होते, जब तक कि वे सतह को चीरकर ऊपर नहीं आ जाते। वास्तविकता यह है कि वे वहाँ पर हैं और वे वहाँ तब से हैं, जब से वे मन के महासागर की गहराइयों में उत्पन्न हुए विचार के उस अपरिहार्य घटक से जन्मे, जो मन का सागर की तलहटी के रूप में अवलंबन किए हुए है।

मनुष्य के भीतर गुप्त मानसिक शक्तियों के विकास का आधार यह है कि विचार के गहनतम और सूक्ष्मतम से लेकर स्थूलतम और सर्वाधिक सतही, सारे के सारे स्तरों में शुद्ध चेतना अनुप्रमाणित हो जाए। हम सब कल्पना की प्रक्रिया से अवगत हैं तथा हम सब इसे न्यूनाधिक सीमा तक प्रयोग करते हैं, किंतु इस धारणा से अवगत नहीं हैं कि किसी ऐंद्रिक अनुभव का मानसिक संज्ञान उस ज्ञानेंद्रिय की शक्ति का विस्तार है। इस दृष्टि से मानसिक गोचरता स्वयं में कोई गुप्त शक्ति अथवा कम से कम ऐसी शक्ति का विकास है, जिसका मनुष्य ने अब तक प्रयोग नहीं किया है, क्योंकि उसे इसका महत्व पता नहीं था अथवा यह नहीं जानता था कि इसका प्रयोग कैसे किया जाए। इस प्रकार की अनेक गुप्त मानसिक शक्तियाँ हैं, जिनकी साधारणतया उपेक्षा की जाती है या दबा दिया जाता है अथवा विचार ही नहीं किया गया कि वे हो भी सकती हैं। भावातीत ध्यान की प्रक्रिया में मनुष्य के भीतर की ये गुप्त मानसिक शक्तियाँ केवल जागती ही नहीं है, अपितु उनका जीवन समृद्ध करने में प्रयोग भी होता है। इन मानसिक शक्तियों का जागरण तथा उनके कार्य एवं प्रयोजन के ज्ञान का विकास ऐसे विषय हैं, जिन्हें बौद्धिक रूप से प्राप्त नहीं किया जा सकता। इसके लिए अनुभव अपरिहार्य है; मन के गहनतर स्तरों की विशिष्टताओं के नियमित एवं पूर्ण अनुभव से ज्ञान आता ही आता है, किंतु यह अकाट्य है कि सूक्ष्म, मात्र सूक्ष्म से ही ग्राह्य हो सकता है। विचार के सतही स्तरों की भाँति

सूक्ष्म को यदि स्थूल माध्यम से समझने का प्रयास किया गया, तो उसका विफल होना अवश्यसंभावी है।

यही वह सच्चाई है, जिसके कारण आधुनिक मनोविज्ञान अधूरा और अव्यावहारिक सिद्ध होता है; 'मनोविज्ञान' शब्द का सही अर्थ यही होता है कि उसमें मन के समस्त स्तर समाविष्ट हैं। अस्तु, बुद्धि कितनी भी पैनी एवं प्रतिभाशाली क्यों न हो, मन के सूक्ष्मतर क्षेत्रों का अनुसंधान करने में पूरी तरह से अक्षम रहती है। विडंबना यह है कि मनोविज्ञान की अनेक आधुनिक प्रणालियाँ बुद्धिजनित सतही चिंतन और सतही विश्लेषण पर आधारित होते हुए भी अपने व्यापक होने की हुँकार भरती हैं। यदि कोई व्यक्ति पूर्ण तैराक बनना चाहता है, दूसरे शब्दों में यदि कोई पानी के अंदर है, तो तैरने के लिए उसका स्वयं को यह सिखाना पर्याप्त नहीं कि अपना सर सीधा और पानी के ऊपर रखे; उसे पानी में गोता लगाना और भीतर तैरना भी चाहिए। ऐसा ही उस व्यक्ति के साथ भी है, जो जीवन में पूर्णता चाहता है; आंतरिक जीवन की दिव्यताओं में गोता लगाना सीखकर ही वह उन शक्तियों और क्षमताओं का विकास कर सकता है, जो उसे व्यावहारिक जीवन में कुशलता और आत्मविश्वास के साथ तैरने में सक्षम बना सकती हैं।

भावातीत ध्यान एवं स्वास्थ्य

विश्व का चिकित्सक समुदाय बहुमत से इस तथ्य को स्वीकार करता है कि समस्त शारीरिक रोगों में लगभग अस्सी प्रतिशत माँसपेशियों एवं तंत्रिकाओं में तनावों के कारण होते हैं, इन तनावों की जड़ मानसिक तनाव है, जो परेशानियों, चिंताओं, दुःखों तथा जीवन में विफलताओं से उत्पन्न होते हैं।

मनुष्य में मानसिक तनाव उसकी इच्छा पूरी न होने अथवा जैसा प्रायः होता है, एक ही समय पर दो परस्पर विरोधी इच्छाएं होने के कारण होते हैं। व्यक्ति में भौतिक उपलब्धियों की कामना और साथ की अभिलाषा, दोनों ही सच्चाई है। ऐसे में यदि उसे अपनी इच्छाओं की पूर्ति दिखाई देने लगे, विशेष रूप से सृजनशीलता और मन की शांति जैसी इच्छाएं जो उसके व्यक्तित्व में गहराई तक तथा अपरिहार्य रूप से पड़ी हुई हैं, तो उसका मानसिक तनाव दूर होने लगेगा और इसी के अनुरूप उसके अंदर मनोकायिक रोग की उसकी प्रवृत्ति कम हो जाएगी।

भावातीत ध्यान का पहला प्रभाव चाहे वह पुरुष हो या स्त्री पहले ही अभ्यास में तनाव से आराम के रूप में दृष्टिगोचर होता है। यह अकाट्य तथ्य है कि ध्यान करते समय मनुष्य शारीरिक एवं मानसिक रूप से विश्राम एवं शांति में होता है। भावातीत ध्यान का प्रभाव मनोकायिक रोग के मूल कारणों पर सीधा प्रहार करता है और इसे बिना किसी संकोच के ऐसे उपचार की संज्ञा दी जा सकती है, जो अनमोल है।

भावातीत ध्यान के प्रभाव के दूसरे पक्ष का सरोकार श्वांस से है, जो आरोग्यलाभ में महत्वपूर्ण भूमिका निभा सकता है। जैसे ही मन भावातीत ध्यान की गहराई में जाता है, सांस की गति स्वाभाविक रूप से सूक्ष्म हो जाती है – यह आहिस्ता और मंद–मंद चलने लगती है। ऐसा सांस की गति को किसी प्रकार से मोड़ने, रोकने या उस पर एकाग्र होने से नहीं होता, बल्कि यह भावातीत ध्यान की विश्राम देने वाली प्रक्रिया का शारीरिकी पर पड़ने वाला सहज प्रभाव है। श्वांस की सूक्ष्मता फेफड़ों एवं हृदय तथा परोक्ष रूप से अन्य सभी शारीरिक प्रक्रियाओं को विश्राम देती है और इस तरह शरीर आद्योपांत शक्तिमान होता

है। भावातीत ध्यान के उपरांत शारीरिक ऊर्जा का अनुभव उतना ही आह्लादकारी होता है, जितना भावातीत ध्यान से उत्पन्न होने वाली मानसिक सजगता का बोध।

भावातीत ध्यान का अनवरत अभ्यास बढ़ती आयु के लक्षणों, जैसे झुर्रियों तथा त्वचा के ढीलेपन को सुधारने की दिशा में भी अपना प्रभाव छोड़ता है। नियमित रूप से भावातीत ध्यान करने वाला व्यक्ति न केवल अंदर से युवा और स्फूर्ति अनुभव करता है, अपितु बाहर से भी युवा दिखाई देता है।

भावातीत ध्यान का तीसरा सफल श्वांस के आधारभूत कारण 'प्राण' के सूक्ष्म होने तथा उसके मन की सूक्ष्मता एवं निर्मलता के साथ सामंजस्य के रूप में सामने आता है। 'प्राण' की सूक्ष्मता कार्बन डाईऑक्साइड का उत्पादन कम कर शरीर की रासायनिक प्रक्रिया को प्रभावित करती है। इससे शरीर का अम्ल–क्षार संतुलन बदल जाता है और सुसंघटित शरीर अम्लीय कम क्षारीय अधिक हो जाता है। यह शरीर विज्ञानी तथ्य है कि अम्लीय शरीर का क्षारीय शरीर की अपेक्षा तेजी से क्षरण होता है। कहने का आशय भावातीत ध्यान की प्रक्रिया शारीरिक क्षय की गति को मंद करती है।

भावातीत ध्यान एवं शिक्षा

इसमें दो मत नहीं कि शिक्षा का वास्तविक उद्देश्य मानसिक शक्तियों का विकास करना तथा मनुष्य के अंतर्निहित और गूढ़ गुणों को सामने लाना है।

इस समय पूरे विश्व की शिक्षा सूचना देने तक ही केंद्रित

है। विद्यार्थियों को ढेर सारी जानकारी पहुँचायी जाती है। जिनके मस्तिष्क इन अंबारों को ग्रहण करने तथा समझने में समर्थ होते हैं, वे परीक्षाएं उत्तीर्ण कर ऊँची कक्षाओं में चले जाते हैं और जिनके मस्तिष्क की ग्रहण करने की क्षमता थोड़ी कम होती है, वे उसी कक्षा में रह जाते हैं और दोबारा उन्हीं पाठों को दोहराते हैं। बार–बार की रटंत के बाद भी जब वे उस जानकारी को ग्रहण करने में असफल रहते हैं, तब यह मान लिया जाता है कि उनकी सहायता करने में जो भी संभव है, किया जा चुका है। वास्तव में ऐसा नहीं है, क्योंकि बार–बार रटने से कोई भी जड़बुद्धि प्रतिभाशाली विद्यार्थी नहीं बन सकता।

भावातीत ध्यान प्रणाली जैसी मस्तिष्क के विकास की प्रक्रिया बौद्धिक जड़ता दूर करने में वह भूमिका निर्वाह कर सकती है, जो रटने पर आधारित शिक्षा कदापि नहीं कर सकती। भावातीत ध्यान सहज रूप से मस्तिष्क की सुसुप्त शक्तियों का उस स्तर तक विकास करता है, जहाँ पर जानकारी या सूचना समझ के माध्यम से आत्मसात् हो जाती है।

निस्संदेह इस प्रणाली में उन जानकारियों या सूचनाओं को हटाने का कोई प्रश्न नहीं उठता, जिनमें ज्ञान का प्रकाश भरा पड़ा है। हम उसमें कुछ जोड़ना चाहते हैं, जिससे जो तथ्य शिक्षा देती है वह सार्थक हो जाए। भावातीत ध्यान सारे तरुण विद्यार्थियों के लिए अत्यंत महत्व का हो सकता है, क्योंकि यह उस गहराई को हजार गुना बढ़ा देगा, जिन तक किसी शिक्षा की ग्राह्यता पहुँच सकती है।

भावातीत ध्यान बुद्धि एवं विवेक की सुसुप्त शक्तियाँ प्रकट कर, अंततोगत्वा मनुष्य के लिए ज्ञान की प्यास तृप्त करना संभव

बना देता है। वर्तमान शिक्षा पद्धति ज्ञान की प्यास तो तृप्त नहीं करती, अपितु तथ्य प्रदान करने के साथ मन की जिज्ञासा जगाए और ज्ञान की प्यास बढ़ाए रखती है। व्यक्ति किसी विषय का जितना अधिक अध्ययन करता है, उसे ज्ञान का उतना ही बड़ा क्षेत्र अज्ञात होता प्रतीत होता है। जैसे–जैसे वह नई जानकारियों से अवगत होता है, उसे इस बात का भान होता है कि उसके जानने के लिए तो बहुत कुछ शेष है और उसकी अज्ञानता की सीमा का कोई हिसाब नहीं है। विडंबना की बात यह है कि प्रायः व्यापक पठन–पाठन मनुष्य पर प्रभावहीनता का भाव पैदा करता है। इस भाव से उबरने का मार्ग केवल रूढ़ विशेषज्ञता के आत्मबंदीपन के रूप में दिखाई पड़ता है, जिसे जानकारी तो कह सकते हैं, किंतु शिक्षा नहीं।

यह स्थिति शताब्दियों से चली आ रही है, जो मन की सतह पर तैरने के समान है। जहाँ परिदृश्य अत्यधिक रंग–बिरंगा और विविधतापूर्ण होता है, किंतु पूर्णतया व्यक्त सृष्टि तक ही सीमित रहता है। वह केवल आत्मचेतना में प्रवेश ही है, जिसके द्वारा सृष्टि की विविध जानकारियां ज्ञान की मौलिक अवस्था से संबद्ध की जा सकती हैं। इसका कोई अन्य मार्ग नहीं है। यदि संसार को अधिक विचक्षण और शुभतर होना है और विश्व–परिवार को शांति, समृद्धि एवं सामंजस्य में जीना है, तब मात्र नेताओं, शिक्षकों तथा विद्वानों को ही नहीं, अपितु प्रत्येक नागरिक को अपने लिए आंतरिक जीवन के तेज को खोजना और पाना सीखना पड़ेगा। यदि विश्व की शैक्षणिक प्रणालियों में भावातीत ध्यान को जोड़ दिया जाए, तब बिना किसी अतिशयोक्ति के नई मानवता का उदय होना संभव हो जाएगा। ऐसा इसलिए होगा क्योंकि भावातीत ध्यान से प्राप्त तृप्ति समस्त ज्ञान–विज्ञान, दर्शन, धर्म तथा सत्य की सिद्धि है।

भावातीत ध्यान का परम् लक्ष्य

परमेश्वर का राज्य, ईसा का ज्ञान, निर्वाण, आत्मानंद आदि चेतना के अनेक नाम हैं। भावातीत ध्यान की इस पद्धति का परम् लक्ष्य तुरीयातीत चेतना है। *एकदा* मन को भावातीत चेतना की ओर अग्रसर कर दिया, तो वह विषयों पर आश्रित चेतना से रहित हो गया और जो शेष रहा वह विशुद्ध रूप से आत्मिक है। विशुद्ध आत्मसंवेद्य चेतना की यह अवस्था आत्मचेतना अथवा आत्मजागरण कहलाती है। जैसे ही मन शुद्ध रूप से अपने में जागी हुई आत्मचेतना से बाहर आता है और विषयों पर आश्रित चेतना को पुनः ग्रहण करता है, तब उसकी भावातीत चेतना की अवस्था भी साथ में चली आती है, जो लौकिक जगत् के अनुभव में रच–बस जाती है। जिस अवस्था में भावातीत चेतना लौकिक जगत् की विविधता और अनुभव के समय भी बनी रहती है, उसे तुरीयातीत चेतना कहते हैं।

तुरीयातीत चेतना की प्रकृति अवर्णनीय है, क्योंकि इसे शब्दों में नहीं बाँधा जा सकता। अपने मूल स्वभाव में यह दो विपरीत ध्रुवों – ऋणात्मक एवं धनात्मक, सामंजस्य और अराजक अथवा शांति तथा क्रिया की संहिता की अवस्था है। जब अव्यक्त की नित्य शांति व्यक्त की अनंत क्रिया के साथ सजीव अनुभव में प्राप्त होती है और वह कुछ समय तक नहीं, बल्कि निरंतरता में। तो उस समय जो अनुभव होता है, उसका शब्दों में वर्णन नहीं किया जा सकता। यदि हम इस अवस्था का शब्दों में वर्णन करने का प्रयास करें, तो हम स्वयं को अनर्गलता में डूबता पाते हैं। यदि हम कहें कि तुरीयातीत चेतना में किसी फूल का एक ही समय देखना एवं न देखना दोनों समाविष्ट है, तो अनर्गल प्रलाप करने जैसा लगेगा। यह ऐसी अवस्था है, जिसमें विचार, वाणी एवं क्रिया

सारे के सारे परे हो जाते हैं।

चेतना की मूल प्रकृति शांति होती है और जहाँ शांति है, वहाँ वर्णन के लिए स्थान कहाँ होता है। यद्यपि इसका क्रिया पक्ष वर्णन की आज्ञा देता है, किन्तु जब दोनों पक्ष संहिता में मिलते हैं – क्रियाशीलता में शांति तथा शांति में क्रियाशीलता, तब वाणी मूक हो जाती है।

कहने का आशय इस वास्तविकता के कारण यद्यपि परिभाषा असंभव है तथा वर्णन की संभावना एक बिंदु पर जाकर अनर्गल प्रतीत होती है, तथापि इसकी एक झलक देने के लिए इसकी प्रकृति पर प्रकाश डालने के लिए स्वल्प प्रयास तो किया ही जा सकता है। जिस प्रकार चीनी का स्वाद परिभाषित नहीं किया जा सकता और फिर भी हम उसके मीठेपन का थोड़ा–बहुत भाव शब्दों और विचार संगति के माध्यम से प्रस्तुत कर सकते हैं, ऐसा ही भावातीत चेतना की अवस्था के साथ है, यद्यपि इस प्रयास में भी हम अपने साथ अनर्गल होने का आक्षेप लिए रहते हैं। ऐसा इसलिए क्योंकि तुरीयातीत चेतना ऐसी अवस्था है, जिसमें जीवन के भावातीत एवं सापेक्ष दोनों क्षेत्र पूर्णतया समाविष्ट होते हैं, अतएव इसका वर्णन केवल दो विरोधाभासों के संदर्भ में, दो प्रतीतिमान विरोधी वक्तव्यों के संदर्भ ही किया जा सकता है। अतएव हम अपनी विवेचना यहाँ से प्रारंभ करते हैं कि यह वह है जो दो विरोधाभासों – नित्य शांति एवं अनंत क्रियाशीलता के मध्य स्थित है तथा यह कि यह शांति में क्रिया एवं क्रिया में शांति, दोनों एक साथ हैं। यद्यपि इस अवस्था की कल्पना करना भी मानवीय बुद्धि की सामर्थ्य से परे हो सकती है, किन्तु यह वास्तविक है – उस बुद्धि से भी बड़ी वास्तविकता, जो इसकी कल्पना करने में विफल रहती है।

जहाँ तक बुद्धिगम्यता की बात है, तो तुरीयातीत चेतना तो दूर, भावातीत चेतना का भी वास्तविक रूप से वर्णन नहीं किया जा सकता। तब इन दोनों के मध्य का अंतर कैसे समझाया जा सकता है ? कुछ हो सकता है, तो केवल इसका प्रयास। तुरीयातीत चेतना सर्वव्यापी जाग है और यह आत्मचेतना की जाग है। आत्मजाग भावातीत प्रकृति की अवस्था है। पुनश्च, भावातीत अवस्था अनिर्वचनीय है और यदि इसके बारे में थोड़ा–बहुत कुछ कहा जा सकता है, तो वह भी केवल दो परस्पर विरोधाभासी कथनों के माध्यम से ही संभव है; एक यह कि यह एक रचनात्मक अनुभव की अवस्था है तथा दूसरा यह कि यह अनुभवविहीन अवस्था है।

जब मन भावातीत ध्यान के माध्यम–मंत्र, के सूक्ष्म स्तरों का अनुभव करता है, उसमें मन अनुभवकर्ता होता है और जो अनुभव किया जाता है, वह अनुभव का विषय होता है। अनुभूति और विषय का संबंध तब स्थापित होता है, जब अनुभव प्रारंभ होता है। भावातीत ध्यान की प्रक्रिया अंततः भावातीत चेतना की ओर ले जाती है। इस प्रक्रिया में जब विषय अपने सूक्ष्मतम स्तर से परे हो जाता है, अनुभवकर्ता विषय रहित होकर कैवल्य में पहुँच जाता है। अस्तु, जब अनुभव का विषय नहीं रह जाता और अनुभवकर्ता अकेला रह जाता है, तब इस स्थिति को अनुभव शून्यता की अवस्था कहते हैं। जहाँ अनुभवकर्ता तथा विषय एक हो गए, द्वैत समाप्त हो गया, वहाँ एकत्व मिल गया। जब अनुभवकर्ता तथा अनुभव का विषय एक दूसरे में विलीन हो जाते हैं, वह अनुभव की पूर्णता की अवस्था होती है। इस अवस्था में अनुभव इतना पूर्ण होता है कि दोनों संयुक्त हो जाते हैं। एक अर्थ में यह कोई भी अनुभव न होने की स्थिति है, क्योंकि अनुभव के विषय का अस्तित्व समाप्त हो गया। दूसरे अर्थ में यह अनुभव की पूर्णता है, क्योंकि अनुभवकर्ता एवं अनुभूत, दोनों एक साथ मिल जाते

हैं। इस कारणवश हम यह कह सकते हैं कि यह एक रचनात्मक अनुभव की अवस्था है, जो अपने आपमें सही है और साथ–साथ यह बात कहने के भी अधिकारी हैं कि अनुभवकर्ता तथा अनुभव के विषय का संबंध नहीं रह गया। यह एक सच्चाई है और इससे भी बड़ी सच्चाई यह है कि दोनों बातें एक साथ कही जाएं, तो वह सही है।

भावातीत ध्यान में मन भीतर की ओर बढ़कर आत्मचेतना तक पहुँचता है और जब आत्मचेतना लौकिक जगत् के क्षेत्र में लायी जाकर अनुभूत की जाती है, तो वह क्रिया के संपूर्ण क्षेत्र में व्याप्त हो जाती है। तब भावातीत की नित्य शांति संसार में क्रियाशीलता के साथ चलती है; आंतरिक नित्य शांति तथा बाह्य चिरस्थायी क्रियाशीलता समस्वर हो जाते हैं तथा क्रियाशीलता में शांति एवं शांति में क्रियाशीलता की स्थिति साथ–साथ बनी रहती है। इस स्थिति में आत्मचेतना से तुरीयातीत चेतना तक पहुँचने के लिए मन को किसी दिशा–निर्देश अथवा अभ्यास की आवश्यकता नहीं होती। मन को भीतर की ओर भावातीत तक जा चुकने के बाद पुनः बाहर आना होगा। वह सदा के लिए भावातीत चेतना में नहीं रह सकता है। भावातीत मन के बाहर आने से ही, उस प्रक्रिया का गठन होता है, जिससे तुरीयातीत चेतना की उपलब्धि होती है। मन का बाहर आना एक स्वचालित घटना है तथा भीतर जाने का एक अंतर्निष्ठ भाग है; गोता लगाने वाला गोता लगाता है तथा गोता लगाकर बाहर निकलता है। गोता लगाने की प्रक्रिया में, वह संसार को छोड़ देता है, किंतु संसार को उसे वापस बुलाना होगा, क्योंकि वह एक जागतिक मानव है। एक बार वापस आता है, तो वह व्यक्त क्रिया में संलग्न हो जाता है और यह पहले से ही तुरीयातीत चेतना का भाग है; क्रिया में व्यस्त होना एक भाग है तथा दूसरा आधा भाग शांत और अव्यक्त स्थिति है।

इस प्रकार भावातीत ध्यान की इस विशेष पद्धति द्वारा मानव विकास के सर्वोच्च स्तर की वह अवस्था प्राप्त होती है जिसमें मानव पुरुष में रूपांतरित होता है, जिसमें देवत्व प्राप्त किया जा सकता है। इस संसिद्धि की प्रक्रिया न तो कठिन, न श्रमसाध्य और न ही कष्टसाध्य है; यह सरल, सुनिश्चित एवं सबसे बढ़कर स्वाभाविक है।

भाग-2
प्रश्नोत्तर

भावातीत ध्यान

प्रश्न : भावातीत ध्यान क्या है ?

महर्षि : भावातीत ध्यान ऐसी प्रक्रिया है, जो मन को विचार के सूक्ष्म से सूक्ष्मतर स्तरों तक ले जाती है और अंततोगत्वा सूक्ष्मतम् स्तर को भी पार कराकर भावातीत चेतना के दैवी–आनंद में पहुँचा देती है।

प्रश्न : एकाग्रता, मनन तथा भावातीत ध्यान में क्या अंतर है ?

महर्षि : एकाग्रता, मन की किसी एक बिंदु पर स्थिरता है। भावातीत ध्यान, उस बिंदु की सूक्ष्मतर अवस्थाओं का अनुभव कराते हुए उसकी सूक्ष्मतम अवस्था से भी परे वहाँ ले जाता है, जहाँ भावातीत आत्मचेतना की प्राप्ति होती है। मनन उस बिंदु पर सर्वतः चिंतन करने की प्रक्रिया है। एकाग्रता जल की सतह के एक भाग पर तैरने के समान है, मनन सतह के चारों ओर तैरने के समान है तथा भावातीत ध्यान जल की गहराइयों में गोता लगाने जैसा है। भावातीत ध्यान आंतरिक जीवन की दिव्यताओं का अनुसंधान करता है। मनन जीवन के बाह्य स्तर की महिमाओं की गवेषणा करता है और एकाग्रता मन को स्थिर स्थिति में एक बिंदु पर रोके रखती है।

प्रश्न : आप कहते हैं कि व्यक्ति को भावातीत ध्यान में विश्वास करना चाहिए, उसमें 'आस्था' रखनी चाहिए और इस विषय में किसी प्रकार का संशय नहीं होनी चाहिए। विश्वास तथा संशय के मध्य अत्यंत सूक्ष्म अंतर प्रतीत होता है।

महर्षि : नहीं। आस्था और संशय साथ–साथ हो सकते हैं। जब

तक आस्था का पलड़ा भारी है, तब तक संशय है, तो कोई बात नहीं, किंतु जब आस्था का नितांत अभाव हो और संशय ही संशय हों, तब अत्यंत दुष्कर होगा। भावातीत ध्यान करने से जो अनुभव होंगे, उससे संशय स्वमेव दूर हो जाएंगे; जैसे–जैसे अभ्यास बढ़ता जाएगा, संशयों के लिए कोई स्थान नहीं बचेगा।

भावातीत ध्यान की अपने से संबंधित जिज्ञासाएं हो सकती हैं, किंतु इनके उत्तर भावातीत ध्यान में प्राप्त अनुभव से मिल सकेंगे। यदि जिज्ञासाएं बौद्धिक हैं, तो इन्हें केवल बौद्धिक विश्लेषण से शांत किया जा सकता है और हो सकता है कि उन्हें आप पूर्णतया न सुलझा सकें।

कोई भी व्यक्ति आस्थारहित नहीं होता और न ही कोई ऐसा जिसके मन में किसी प्रकार के संशय न हों। अतएव हम व्यक्ति को जैसा वह है, वैसा ही लेते हैं। कोई भी व्यक्ति आस्थारहित इसलिए नहीं होता, क्योंकि मनुष्य के जीवन में अधिक आनंद, अधिक ज्ञान, अधिक शक्ति, अधिक सुख और शांति प्राप्त करने की इच्छा स्वाभाविक है। यह अधिक की चाहत ही उसकी आस्था का आधार बनता है। भावातीत ध्यान प्रारंभ करने के लिए इतनी आस्था पर्याप्त है। इस प्रकार हम किसी को इसलिए भावातीत ध्यान सिखाने से मना नहीं करते, क्योंकि वह निष्ठावान् प्रतीत नहीं होता। उसे निष्ठा कैसे नहीं होगी, जब वह आस्था का ही बना है ? इस तथ्य ने कि उनके पास शरीर है, उसे जीवन का आनंद लेने के योग्य बना दिया है और यदि उसमें और अधिक आनंद प्राप्त करने की इच्छा है, तो यह आस्था का पर्याप्त लक्षण है।

प्रश्न : भावातीत ध्यान करने के लिए क्या भगवान में विश्वास होना आवश्यक है ?

महर्षि : कोई व्यक्ति भगवान में विश्वास करे या न करे, वह भावातीत ध्यान सीख सकता है और अभ्यास कर इसका आनंद उठा सकता है। जब वह ध्यान करेगा और प्रफ़ल्ल होगा, तो भगवान में विश्वास करना प्रारंभ कर देगा। इस प्रकार भावातीत ध्यान भगवान में विश्वास उत्पन्न करने में सहायक होता है, किंतु भावातीत ध्यान सीखने के लिए यह आवश्यक नहीं है कि व्यक्ति भगवान में विश्वास रखता हो।

प्रश्न : महर्षि जी, यदि कोई व्यक्ति किसी धर्म विशेष का अनुयायी नहीं है, तो क्या यह बात उसके भावातीत ध्यान सीखने में बाधा बन सकती है ?

महर्षि : कोई मनुष्य धार्मिक हो या न हो, उसके अंदर आनंद प्राप्त करने की इच्छा तो होती ही है; अधिकाधिक आनंद प्राप्त करने की इच्छा मन को भीतर की ओर आकर्षित करने के लिए पर्याप्त है। कोई किसी धर्म का अनुयायी है या नहीं, इस बात से कोई अंतर नहीं पड़ता। जब वह तृप्त होने लगेगा, तब अत्यंत स्वाभाविक रूप से धार्मिक भी होने लगेगा। यदि कोई व्यक्ति धार्मिक रहा है, तब उसकी धार्मिकता यथोचित ढंग से और अधिक प्रगाढ़ हो जाएगी; यदि कोई धार्मिक नहीं है, तो भावातीत ध्यान के अभ्यास से धर्म की अनुशंसाओं के अनुरूप आचरण करने लगेगा, भले ही उस पर किसी धर्म का ठप्पा न लगा रहे। इसका अर्थ है कि वह उच्च नैतिक मूल्यों वाला व्यक्ति होगा।

प्रश्न : यदि किसी की आस्था पूर्ण रूप से पक्की है, तो क्या भावातीत ध्यान में उसे इसके असीम परिणाम मिलेंगे ?

महर्षि : पूर्ण आस्था तो केवल चेतना की शुद्ध अवस्था में ही आएगी। पूर्ण आस्था अथवा पूर्ण अनास्था, दोनों एक ही हैं, शुद्ध चेतना की अवस्था, आत्मचेतना की अवस्था। शुद्ध चेतना के पूर्ण क्षेत्र में, जो इसकी अर्थात् निरपेक्ष और उसकी अर्थात् सापेक्ष जगत् की भी पूर्णता है।

प्रश्न : मुझे ऐसा लगता है कि ध्यान का आस्था से कोई सरोकार नहीं है। यह या तो कार्य करती है, या नहीं करती। यदि यह काम कर रही होगी, तो आपको ही पता होगा; यह निष्ठा है।

महर्षि : और यदि वह कार्य नहीं करती है, तब आप यह समझें कि आस्था में कहीं कमी है।

प्रश्न : आस्था भ्रामक हो सकती है, क्या यह समझा जाए कि इसकी आवश्यकता नहीं है?

महर्षि : हमारे आध्यात्मिक पुनरुत्थान आंदोलन का सम्पूर्ण आधार इस तथ्य में निहित है कि भावातीत ध्यान कार्य करता है या नहीं। यदि यह जीवन के व्यावहारिक धरातल पर कार्य करे, किंतु बुद्धि के दार्शनिक स्तर के साथ सामंजस्य में असमर्थ रहे, तब वह टिकेगा नहीं, लुप्त हो जाएगा।

प्रश्न : और तब क्या होगा, यदि नास्तिकता व्यक्ति के मार्ग में निरंतर बाधा बनकर खड़ी रहे ?

महर्षि : इससे कोई अंतर नहीं पड़ता, वह ऐसे बिंदु पर आ जाएगा, जहाँ पर वह प्रफुल्लता के व्यापक क्षेत्र की

ओर आमुख हो जाएगा। कोई व्यक्ति नास्तिक क्यों होता है ? क्योंकि उसे लगता है कि नास्तिकता के मार्ग से उसे अधिक आनंद मिलेगा। इसलिए वह नास्तिक हो जाता है; उसके लिए नास्तिकता अधिकाधिक सुख की ओर जाने का मार्ग है।

प्रश्न : क्या कोई व्यक्ति दुःखी और नास्तिक, दोनों हो सकता है?

महर्षि : इस स्थिति में नास्तिक का वर्तमान दुःख, जो उसे नास्तिक बनाए रखता है, उसमें यह आशा जगाए रखता है कि वह अंततः उसे आधिकाधिक सुख की ओर ले जाएगा। वह उसके वर्तमान दुःख का हरण कर देगा और उसे अधिक सुख की ओर ले जाएगा। अतएव उसके लिए नास्तिकता अधिकाधिक सुख की ओर जाने का मार्ग मात्र है।

प्रश्न : मैं समझ नहीं पा रहा हूँ कि कोई व्यक्ति नास्तिक होकर क्यों सुखी हो सकता है ?

महर्षि : कोई धर्मपरायण व्यक्ति यह सोचकर गिरजाघर की सड़क पकड़ता है कि उसके द्वारा वह और अधिक सुखी होगा, उत्तम। एक नास्तिक गिरजाघर की ओर अपनी पीठ फेर लेता है और समझता है कि गिरजाघर से दूर जाना अधिकाधिक सुख की ओर जाने का मार्ग है।

प्रश्न : कोई नास्तिक भगवत्प्राप्ति कैसे कर सकता है ?

महर्षि : उन लोगों को सुनकर, जिन्हे भगवत्प्राप्ति हो गई है और जो उसे मार्ग दिखाने के लिए तैयार हैं। जैसे–जैसे उसका उनके प्रवचन सुनना बढ़ता जाता है, वह उनका विश्लेषण कर उन पर विश्वास करने लगता है। वह सोचने लगता है, "चलो प्रयास करते हैं, इसमें क्या हानि

है,"? एक बार उसके मन में यह विचार आया नहीं कि उसे सही राह मिल गई और ऐसे में यदि उसे सुयोग्य मार्गदर्शक मिल गया, तो अनुभव के आधार पर उसकी आस्था स्वभावतः बढ़ जाएगी।

प्रश्न : आपके मत में इस अनुभव की आवश्यकता किसे है ?

महर्षि : उस हर व्यक्ति को, जिसे अभी तक इसका अनुभव नहीं हुआ है उसे इसकी आवश्यकता है।

प्रश्न : और उन्हें यह कहाँ से मिलता है ?

महर्षि : उन लोगों से जो जिज्ञासुओं को सिखा सकते हैं।

प्रश्न : आपका आशय चर्च जाने से है ?

महर्षि : चर्च भी जाया जा सकता है, यदि वहाँ के पुरोहित (मिनिस्टर) मार्गदर्शन करने में समर्थ हों।

प्रश्न : प्रायः पुरोहित सफल नहीं होते।

महर्षि : कोई बात नहीं, कुछ सफल हो सकते हैं। यदि एक सफल नहीं होता, तो दूसरे हो सकते हैं।

प्रश्न : और यदि कोई व्यक्ति नास्तिकता के उस स्तर तक पहुँच जाता है, जहाँ उस पर पुरोहितों की सिद्धता का भी प्रभाव नहीं होता, वह उनसे संबंध भी नहीं रखना चाहता, तब उसके लिए सुख प्राप्त करने का क्या मार्ग होना चाहिए?

महर्षि : एक बार वह भगवान के तथाकथित पुरोहितों से विमुख रहने का निर्णय भी कर ले, तो भी संसार उसके लिए समाप्त नहीं हो जाता, वह असीम है। किसी भी पुरोहित से संतुष्ट न होने और उनसे विमुख होने पर भी यदि यह

बात उसकी समझ में आ जाती है कि अधिकतम सुख पाना ही है, तो इस बात का महत्व नहीं रह जाता, वह कहाँ से मिलता है, बात इतनी रह जाती है कि वह मिले। *एकदा* उसने खोजना प्रारंभ कर दिया, तो उसे कुछ न कुछ मिलेगा, कोई ऐसा मिल जाएगा, जो उसे कोई न कोई संकेत देगा, जिसे पकड़ कर वह गंतव्य की ओर निकल पड़ेगा।

प्रश्न : आपका कहना है कि आपको सुख यहाँ, वहाँ और कहीं से मिल सकता है, किंतु आपकी यह बात मेरे गले नहीं उतर पा रही। क्योंकि जब कोई इस विषय पर सोचता है, तो उसके मन में शंका होती है कि कहीं उसे अनन्य प्रकार के देवताओं पर विश्वास तो नहीं करना होगा?

महर्षि : विभिन्न प्रकार के सारे देवताओं में विश्वास करना आवश्यक नहीं है। जैसे–तैसे एक पर विश्वास करना है और उसे प्राप्त करना है।

प्रश्न : किंतु, यदि ऐसा हो भी जाए, तब भी आपको उस देवता में विश्वास करने की शुद्धता पर शंका हो सकती है ?

महर्षि : नहीं। अनुभव हर शंका निर्मूल कर देगा। कोई कहेः "यहाँ बिजली घर है" और बिजलीघर के लक्षण क्या हैं ? प्रकाश की चमक, उत्तम। नाम ज्ञात है तथा लक्षण ज्ञात हैं, बस इस मार्ग पर बढ़ चलो। बढ़ते हुए, जब वह आपको मिल ही जाए, ठीक है। यह हमें दिए गए वर्णन से मेल खाता है।

प्रश्न : क्या आप वहाँ बने रहते हैं ?

महर्षि : यह आपकी इच्छा पर है। या तो वहाँ सदा बने रहो या

बाहर आओ और भीतर जाओ या जो अच्छा लगे वह करो। यह तो मात्र उस क्षेत्र से परिचय की बात है।

प्रश्न : इन बातों के अनेक दार्शनिक विवेचन हैं, जो भ्रामक हैं, अनेक विचारधाराएं हैं, जो आपस में टकराती हैं। हम कैसे जान सकते हैं कि क्या सही है ?

महर्षि : इस संबंध में जो बातें कही जाती हैं, सही हैं, दर्शनशास्त्र सही है। दर्शनशास्त्र के विद्यार्थी आपस में तर्क–वितर्क कर सकते हैं, किंतु दार्शनिक कभी नहीं।

प्रश्न : कोई कह सकता है कि दर्शनशास्त्र का महत्व नहीं है, जो महत्वपूर्ण है वह परिणाम है ?

महर्षि : परिणामों का ठोस आधार होना चाहिए, अन्यथा उन्हें किसी व्यक्ति की सनक या भ्रम समझा जाएगा।

प्रश्न : मेरा भगवान में विश्वास नहीं है, किंतु परिणाम स्वीकार करता हूँ। मैं स्वयं को कैसे समझाऊं कि परिणाम भगवान से आते हैं ?

महर्षि : समझाना आवश्यक नहीं है; भगवान का परिणाम पहले से ही है।

प्रश्न : परिणाम हो सकते हैं, किंतु मुझे तो उनके उद्‌गम पर ही शंका है?

महर्षि : किंतु क्या आप नकार सकते हैं कि परिणाम किसी के पास से, कहीं से आते हैं?

प्रश्न : हाँ कहीं से, किंतु आवश्यक नहीं कि किसी के पास से।

महर्षि : अति उत्तम। यदि कहीं से, तब 'कहीं' का अर्थ है कि

किसी समय से, किसी स्थान से, तो सब कुछ के स्रोत के रूप में कोई सर्वशक्तिमान सत्ता, सर्वव्यापी स्थान होना चाहिए।

प्रश्न : कोई व्यक्ति शक्ति की उपासना कर सकता है, न कि स्थान की।

महर्षि : स्थान कुछ भी हो सकता है, सुई की नोंक या कमरा। किंतु इसे सर्वशक्तिमान् होना चाहिए। अब इस पर उहापोह करते हैं। यदि कोई सुई की नोंक, कमरा या संदूक है, तो खोखला स्थान भी होगा और ये समस्त ठोस वस्तुएं इतनी विधिपूर्वक रची गई होंगी कि खोखले स्थान से बाहर आ सकें ? इसके लिए अतिकुशल योजना और योजना का सफल कार्यान्वयन होना आवश्यक है। अतएव ऐसा लगता है कि स्रोत अर्थात् हर वस्तु के उद्‌गम स्थान में उत्तम योजना बनाने वाली मनीषा और उसे कार्यान्वित करने के उत्तम संसाधन सन्निहित हैं। अपने कह सकते हैं कि यह स्थान मन जैसा प्रतीत होता है और यदि वह मन है, तब यह सर्वशक्तिमान् और सर्वज्ञ मन होना चाहिए। मानवीय स्तर पर यह मन तंत्रिकातंत्र और इंद्रियों के माध्यम से कार्य करता है। दृश्येंद्रिय के रूप में ले, तो इस सर्वज्ञ स्थान को सर्वदा सर्वस्व देखने में समर्थ परम् नेत्र, पूर्ण नेत्र के रूप में मानने में कोई हानि नहीं है। पुनश्च, यदि हम इसे श्रवण शक्ति के सर्वशक्तिमान् स्रोत के रूप में निरूपित करें, तो वह पूर्ण कान हैं; ऐसे ही वह पूर्ण भुजाएं और पूर्ण अंग हैं। यह इस विषय पर मानवीय स्तर से विचार की बात है। मनुष्य को देखने, सुनने और करने के लिए वह सब मिला है, जो आवश्यक है। कहने का आशय इस सबके स्रोत के पास पूर्ण मन, पूर्ण दृष्टि,

पूर्ण शरीर होनी चाहिए, न कि वह खोखला अथवा सुई की नोंक होनी चाहिए। वह कुछ मनुष्य जैसा, पूर्ण मनुष्य हो सकता है। विषय को इस ढंग से समझने में क्या कोई कठिनाई लगती है ?

प्रश्न : वह हमारी दृष्टि से युक्तिसंगत नहीं है, क्योंकि परिणामों के आधार पर विचार करने से हम नहीं मानते कि वह पूर्ण है। हमें विश्वास है कि हम मानवीय आधार पर ऐसे विश्व का निर्माण कर सकते है, जिसमें दुःख और पीड़ा कम हो।

महर्षि : तब तुम्हारे उस संसार में किसी प्रकार की स्थिरता नहीं होगी।

प्रश्न : हम स्थिरता चाहते भी नहीं।

महर्षि : अच्छा। तब आप कुछ भी व्यवस्थित ढंग से संपादित नहीं कर सकते; जो होगा वह अराजकता होगी। उदाहरणार्थ, आपकी अपनी रची सृष्टि में आप अग्नि का स्पर्श करेंगे और आपकी अग्नि आपको जलाएगी नहीं। इसी प्रकार आप चावल पकने के लिए आग पर रखेंगे और आग उन्हें पकाएगी नहीं।

प्रश्न : किंतु कुछ लोग हैं; जो आग पर चलते हैं और आग उन्हें नहीं जलाती?

महर्षि : वह भी सर्वशक्तिमान् प्रकृति का ही कार्य है, जो कुछ निश्चित परिस्थितियों में तप्त होती है, वही कुछ विशिष्ट परिस्थितियों में शीतल। अतएव यदि आप वही स्थिति उत्पन्न करने जा रहें हैं, तो आप पाएंगे कि वह स्थिति तो यहाँ पहले से ही है। एक लघु मन आधे

विश्व का ही निर्माण कर सकता है; पूर्ण को देखने में असमर्थ होने के कारण वह पूर्ण को केवल अंशों में देख पाता है।

प्रश्न : महर्षि जी, भावातीत ध्यान के समय मन वास्तव में क्या कर रहा होता है ?

महर्षि : मन अनुभव कर रहा होता है। मन विचार के विभिन्न स्तरों, सूक्ष्मतर स्तरों का अनुभव कर रहा होता है और अंततः परमानंद में पहुँच जाता है। भावातीत ध्यान की शैली में हम यह नहीं कहते कि मैं आनंद की ओर जा रहा हूँ, मैं आनंद की ओर जा रहा हूँ। यह सब बाहरी स्तर की बात है। एक प्रकार का आत्मसम्मोहन है। यह कहना कि मैं आनंद की ओर जा रहा हूँ, मैं आनंद की ओर जा रहा हूँ और यदि आप आनंद अनुभव करना प्रारंभ कर दें, तो यह आनंद से अभिप्रेरित विचार है। यह आत्मसम्मोहन है। आत्मसम्मोहन वह है, जो भावात्मक अनुभूति तो उत्तेजित कर देता है, किन्तु मनुष्य का बौद्धिक पक्ष पूर्णतया अवरुद्ध कर देता है। जब आप कहते हैं – 'मैं राजा हूँ, मैं राजा हूँ, तो वास्तविकता यह है कि बुद्धि जानती है, आप राजा नहीं हैं, किंतु अवरुद्ध होने के कारण वह कार्य करने में असमर्थ है। आत्मसम्मोहन में मनोभाव इतना उत्तेजित हो जाता है कि आपको राजापन का आभास होने लगता हैं। यह मात्र धारणा है – राजापन की अभिप्रेरित धारणा, राजापन की वास्तविक स्थिति नहीं है। आत्मसम्मोहन का अभ्यास मनुष्य की कार्यक्षमता का ह्रास करने वाला है, क्योंकि यह बुद्धि का दमन करता है। भावातीत ध्यान का अभ्यास दूसरी अन्य सारी क्षमताओं के साथ बुद्धि का विकास करता है और मनुष्य का समग्र व्यक्तित्व सुगठित होता है।

प्रश्न : भावातीत ध्यान, आत्मसम्मोहन से किस प्रकार भिन्न है ?

महर्षि : आत्मसम्मोहन एक विशेष अर्थ में व्यक्तित्व को ओढ़ने की प्रक्रिया है। एक विशेष अर्थ लेकर उसे तब तक धारण किया जाता है, जब तक मन उस अर्थ को ओढ़ नहीं लेता। उदाहरणार्थ : "मैं राजा हूँ, इसका अर्थ लेकर इस पंक्ति को तब तक दोहराया जाता है, जब तक कि मन इस अर्थ से इतना न भर जाए कि उसे लगने लगे कि वह राजा है। यहाँ पर राजापन सच्चाई नहीं है, अपितु आभास है; केवल मन उसे अनुभव करने लगता है, क्योंकि मन उसके अर्थ में पूर्णतया आवृत्त है; मन उस अर्थ से इतना भरा है कि केवल वही मन पर छाया हुआ है और कुछ भी शेष नहीं है। समस्त असंगत विषय तिरोहित हैं और केवल एक ही विचार का प्राधान्य है। यह आत्मसम्मोहन है।

भावातीत ध्यान में हमारे पास यत्किंचित किसी अर्थ का कोई विचार नहीं होता; यहाँ तक कि लोग यह भी नहीं जानते कि मंत्र का अर्थ क्या है; वह मात्र एक शब्द है। अब शब्द का अर्थ जाने बिना उसे दोहराया जाता है, इसमें ऐसा कुछ भी नहीं है, जिसमें व्यक्तित्व ढंक जाए; केवल इतना होता है कि मन शब्द के, मंत्र के विभिन्न स्पंदनों का, सूक्ष्म से सूक्ष्मतर स्तरों का अनुभव करते–करते सूक्ष्मतम स्तर के अनुभव से भी परे चला जाता है। इस प्रकार भावातीत ध्यान ऐसे माध्यम से प्रारंभ होता है, जिसका अर्थ से कोई सरोकार नहीं होता और इसका अंत यह होता है कि मन प्रत्येक विषय से मुक्त हो जाता है – नित्य मुक्ति को प्राप्त होता है। इसे कहते हैं भावातीत ध्यान। सम्मोहन किसी धारणा से प्रारम्भ होता है और वह धारणा इतनी परिपूर्ण हो जाती है कि मन को पूरी तरह आवृत कर लेती है। जहाँ

धारणा प्रबल हो जाती है, वहाँ मन का मौलिक स्वभाव नहीं रह जाता। जैसे अनुभवकर्ता, चाहे वह कोई भी है, उस धारणा के अतिरिक्त कुछ नहीं होता; और यह पूर्ण बंधन की स्थिति है। मन किसी धारणा में बंधा हुआ है। इससे पृथक् भावातीत ध्यान का फल मन की मुक्ति के रूप में मिलता है, जबकि सम्मोहन का फल मन को किसी धारणा में बांधने के रूप में सामने आता है।

भावातीत ध्यान में आरंभ से लेकर अपनी पूरी प्रक्रिया में कुछ न कुछ अच्छेपन का अनुभव होने लगता है। मंत्र के स्पंदन का अच्छा अनुभव होता है। प्रारम्भ होते ही माध्यम के विभिन्न स्तरों का अनुभव होने लगता है। सम्मोहन में "मैं राजा हूँ" के विभिन्न स्तरों का अनुभव यह होता है कि यह स्तर अधिकाधिक गहन होता जाता है और इस प्रक्रिया में प्रत्येक पग पर सम्मोहन का बंधन बढ़ता जाता है। जब तक प्रक्रिया पूरी नहीं हो जाती, व्यक्ति लगातार यही अनुभव करता रहता है कि "मैं राजा हूँ", 'मैं राजा हूँ। इस प्रकार आत्मसम्मोहन में केवल बंधन बढ़ता जाता है, जीवन का मिथ्यापन बढ़ता जाता है।

पुनश्च, भावातीत ध्यान में मुक्ति की अवस्था का, जीवन की वास्तविकता का विकास होता है, क्योंकि मंत्र निरंतर सूक्ष्म से सूक्ष्मतर होता जाता है और अंत में विलीन हो जाता है, केवल अनुभवकर्ता रह जाता है। आत्मसम्मोहन तथा भावातीत ध्यान में यही अंतर है; एक बांधता है, दूसरा मुक्त करता है। सम्मोहन उन लोगों में सफल होता है, जो अपनी बुद्धि के द्वार बंद कर सकते हैं। ऐसे लोग भावुक स्वभाव के होते हैं, एक धारणा या विचार लिया और उसी पर अडिग रहे, बुद्धि के कपाट बंद रखे। यदि बुद्धि जाग्रत् है, तो वह बार–बार इस बात का अनुभव

करने में बाधा उत्पन्न करेगी कि "मैं राजा हूँ"। बुद्धि प्रश्न करेगी कि, "राजा कहाँ है"? हाँ, यदि बुद्धि कार्य नहीं कर रही है, तो वह व्यक्ति जो भावुकता के स्तर पर अधिक विकसित है, स्वयं को "मैं राजा हूँ" के उस मनोभाव में झोंक सकता है। बुद्धि पहले ही कम विकसित है सजग नहीं है, जाग्रत नहीं है, तो वह पूर्णतया पृष्ठभूमि में चली जाती है और मनोभाव अपने चरम में रहते हैं। यह सम्मोहन है। इन दोनों में कोई समानता नहीं है। ये पूर्णतया भिन्न हैं तथा इनके परिणाम भिन्न हैं; दोनों का प्रारंभ भिन्न है, परिणाम भिन्न है। एक पूर्ण मोह की प्रक्रिया है, कल्पना के माध्यम से ऐसा मोह, जो मनुष्य को किसी वास्तविकता की ओर नहीं ले जाता; इस प्रक्रिया में केवल कल्पना जगत का निर्माण होता है। भावातीत ध्यान मन को सृष्टि के स्रोत की ओर ले जाता है।

प्रश्न : अपने भीतर परमेश्वर के राज्य के विषय में सोचने के क्या परिणाम होते हैं ?

महर्षि : यह सोचते हुए कि "मैं स्वर्ग में हूँ, मैं स्वर्ग में हूँ" और "मैं आनंद प्राप्त कर रहा हूँ", मनुष्य को थोड़ी–बहुत प्रफुल्लता का आभास तो होने लगेगा, किंतु वह प्रफुल्लता के विचार से घिर जाएगा। यदि आत्मसम्मोहन की अवस्था "मैं आनंद हूँ", "मैं वह हूँ", "मैं शुद्ध चेतना हूँ", "मैं परम् शुद्ध चेतना हूँ", लंबे समय तक चलती रहे, तो बहुत संभव है कि यह धारणा मन की मौलिक प्रकृति बन जाए। यदि सम्मोहन की यह प्रक्रिया बहुत लंबे समय तक चलती रहती है तथा यह धारणा मन की मौलिक प्रकृति बन जाती है, तब मन उसे जीने लगता है। तब इस प्रकार प्राप्त सच्चिदानंद और

भावातीत ध्यान से प्राप्त सच्चिदानंद की अवस्था में कोई अंतर नहीं रह जाता। इस अवस्था में दोनों एक ही हैं। जब वह मन की वास्तविक प्रकृति बन जाती है, तब वे एक ही हैं।

प्रश्न : किंतु मुझे लगता है कि वह सम्मोहन से ग्रसित हो सकता है।

महर्षि : हाँ, जब तक वह परिपूर्ण नहीं हुआ। जब तक वह शत्–प्रतिशत् परिपूर्ण नहीं हो जाता, तब तक वह केवल मिथ्या जीवन है, तब तक बुद्धि को कुंठित करता है। बुद्धि सामान्य संतप्त मन में जाग्रत् रहती है और तब सच्चिदानंद कहाँ है ? किंतु 'मैं सच्चिदानंद हूँ' का अनुभव भावनाओं के स्तर पर होने लगता है, इस अवस्था के सदृश होने का प्रारंभ। यदि यह अवस्था परिपूर्ण हो जाती है, तो संभावनाएं हैं कि कोई सिद्ध हो जाए। किंतु संसिद्धि का यह मार्ग सांसारिक व्यक्ति के लिए उपयुक्त नहीं है। सांसारिक व्यक्ति को अनिवार्य रूप में विभिन्न प्रकार के अनुभव होते हैं। अपने जीवन के हर पल में वह विविध विषयों का अनुभव करता है। ऐसे मन में किसी एक विचार के लंबे समय तक चलने की संभावना नहीं है, जो हर पल विभिन्न प्रकार के विषयों का अनुभव करता है। संसिद्धि की अवस्था तब ही आएगी जब "मैं सच्चिदानंद हूँ", का विचार मन में लंबे समय तक रहने की संभावना होगी, जो सांसारिक व्यक्ति के लिए सरल नहीं है, क्योंकि वह विविध अनुभवों के प्रभाव में रहता है। यह मार्ग संसार का त्याग करने वाले साधु–सन्यासियों के लिए ही श्रेयस्कर है। ध्यान की ऐसी प्रणालियाँ हैं, जिसमें मन "अहम् ब्रह्मास्मि", "अयम् आत्मा", "तत्वमसि", "अहम्

सच्चिदानंद" के विचार या धारणा में लीन रहता है। यह विचार मन में दिन–रात बिना किसी बाधा के चलता रहता हैं। स्नान, भोजन एवं निद्रा छोड़कर उनका मन सारे समय एक ही विचार में लगा रहता है। ऐसा होने पर ही इस विचार या धारणा के मन की वास्तविक प्रकृति बनने की संभावना रहती है और इस मार्ग पर चलकर वे संसिद्ध हो सकते हैं। किंतु सांसारिक व्यक्ति जिसे हर पल नानाविध अनुभव होते रहते हैं, यह मार्ग नहीं अपना सकता। कहने का आशय आत्मसम्मोहन या अन्य ऐसी कोई प्रक्रिया जब इस सीमा तक हो, तब ही उसका परिणाम भावातीत ध्यान की भांति होगा। कोई मार्ग, कोई अनुभव, कोई विचार या कोई भी साधना अंततः उसी लक्ष्य की ओर ले जाएगा, जहाँ भावातीत ध्यान ले जाता है; क्योंकि लक्ष्य सृष्टि का स्रोत है; वह सृष्टि का आदि एवं अंत है; अतएव जिस भी विषय को उसकी अधिकतम सीमा तक ले जाया जाता है, उसका पर्यावसान उसकी पराकाष्ठा में होता है; दोनों मार्ग से – इस मार्ग से, उस मार्ग से। अतएव कोई प्रक्रिया एवं अनुभव जितना 'सच्चिदानंद' में फलित हो सकती है, उतना सम्मोहन भी आत्मज्ञान में फलित हो सकता है। यही समस्त विविधताओं में एकता है।

प्रश्न : जब हमारा मन सजग नहीं है और जो हो रहा है उसका उसे बोध नहीं है, ऐसे में हम भावातीत ध्यान से स्वयं को कैसे उन्नत कर सकते हैं ?

महर्षि : नहीं, वह सजग होता है। क्योंकि हम भावातीत ध्यान में सजगता से प्रत्येक सूक्ष्म स्तर का अनुभव करते हैं। यह वैसे ही होता है, जब हम हवाई जहाज में होते हैं,

तो संपूर्ण दृश्य तेजी से निकल जाता है। किंतु जब हम धीरे–धीरे चलते हैं, तब हमें समस्त विवरण दिखाई दे जाते हैं। इसी प्रकार जब हम ध्यान करते हैं, तो तेजी से आगे बढ़ते हैं, किंतु संपूर्ण यात्रा सजग यात्रा होती है। बेसुध मन भला कैसे आगे जा सकता है?

प्रश्न : वह ऐसी चेतना हो सकती है, जो भावना की तरह हो, किंतु हमारे मन में शब्दों अथवा विचारों के रुप में व्यक्त न हो?

महर्षि : भावना भी सजग अनुभव है। जब इंद्रियां सजग होती हैं, तब स्थूल विषयों का अनुभव होता है। भावातीत ध्यान के समय अनुभव और भी सूक्ष्मतर होते हैं, अत्यंत सूक्ष्म। अनुभवों की स्पष्टता अति सूक्ष्म होती हैं तथा जैसे–जैसे भावातीत ध्यान आगे बढ़ता है, अस्पष्टता का तेजी से आगमन होता जाता है। यही कारण है कि अनुभव अत्यंत स्पष्ट प्रतीत नहीं होते। किन्तु अनुभव समग्र रुप से तब तक अनुभव ही रहता है, जब तक कि अंत में केवल चेतना की सजगता ही नहीं रह जाती है। वह बस चेतना की जाग है।

प्रश्न : भावातीत ध्यान के निरंतर अभ्यास के उपरांत क्या अनुभव की यह अवस्था गोचर नहीं होगी ?

महर्षि : अभ्यास के प्रारंभ में, वह मात्र क्षणिक, अनित्य होती है तथा जब तक वह क्षणिक होती है, उसका किसी सारभूत रूप में बोध नहीं होता। किंतु जब वह कुछ मिनटों तक बनी रहती है, तब मन उस क्षेत्र में कुछ अधिक समय तक ठहरना प्रारंभ कर देता है। तब वह जीवंत वास्तविकता बन जाती है। यह अनुमान का विषय नहीं होता, बल्कि अनुभव हो जाता है।

प्रश्न : क्या यह सही नहीं है कि हमें जो अनुभव हुआ, उसका पता तब ही लगता है, जब स्थूल क्षेत्र में आते हैं, क्योंकि वहाँ तो बाह्य क्षेत्र के अनुभव का अभाव रहता है। व्यक्ति को इस क्षेत्र का अनुभव करने के लिए स्थूल क्षेत्र में आना पड़ता है। यह कोई अनुभवरहित अवस्था प्रतीत होती है। है न ?

महर्षि : वह अनुभवहीनता नहीं है। प्रारंभ में लगता है कि यह अनुभव शून्यता है। क्यों ? इसके अव्यक्त होने के कारण। मन व्यक्त विषयों के अनुभव का अभ्यस्त है। व्यक्त क्षेत्र में रहने का मन का स्वभाव पुराना रहा है। जहाँ पर कोई अव्यक्त नहीं है, मन को लगता है कि वहाँ पर कुछ भी नहीं है। किंतु कुछ दिन के अभ्यास के उपरांत मन उस अवस्था का रस लेने लगता है। बाहर आकर वह पुनः भीतर जाना चाहता है; जैसे–जैसे अभ्यास बढ़ता है, वैसे–वैसे उस अव्यक्त क्षेत्र में रहने की क्षमता बढ़ती जाती है; अव्यक्त में रहने की मन की प्रवृत्ति सुदृढ़ होती जाती है। उसकी प्रकृति का बड़े अंशों तक बोध होता है – यहाँ तक कि अभ्यास से उसका बोध तब भी होता है, जब मन क्रिया के क्षेत्र में रहता है। यह तुरीयातीत चेतना की अवस्था होती है।

प्रश्न : ऐसा लगता है कि मन इस क्षेत्र को यथार्थता में निबद्ध नहीं करता। यदि ऐसा होता, तो हम उसका वर्णन बाद में कर सकते। किंतु जब हम भावातीत ध्यान से बाहर आते हैं, मन इस अनुभव का वर्णन नहीं कर पाता।

महर्षि : मन इस अनुभव का वर्णन अभिव्यक्ति की अपनी शब्दावली में कर सकता है। कुछ लोग उसी बात को इस नाम से पुकारते हैं, कुछ उसी बात को दूसरे नाम से। वर्णन से

वास्तविक अवस्था को किसी दूसरे व्यक्ति को परिचित नहीं कराया जा सकता; किंतु शब्द उसका कुछ भाव चित्रित कर सकते हैं। जब कोई कहता है: "अहा, यह बहुत मीठा है", तो मीठेपन की अभिव्यंजना उस मीठेपन के स्वाद को दूसरे व्यक्ति को अवगत नहीं करा सकती, किंतु फिर भी उसे व्यक्त किया जा सकता है।

प्रश्न : भावातीत ध्यान में क्या मन–इंद्रियों के साथ सारूप्य हो जाता है ?

महर्षि : जब हम बाह्य–विषयों को अनुभव कर रहे होते हैं, तब मन उन इंद्रियों के सारूप्य हो जाता है, जो इंद्रियां मन पर विषय की छाप डालने का माध्यम हैं। बाह्य विषयों के किसी भी अनुभव में इंद्रियों से मन की सारूप्यता समाविष्ट रहती है। भावातीत ध्यान से सारूप्यता की मात्रा कम हो जाती है। मान लीजिए कि आप कुछ देर तक किसी फूल को देखते रहते हैं। कुछ देर बाद फूल यदि आंखों से ओझल भी हो जाता है, तो भी उसकी मानसिक आकृति मन में बनी रहती है। कल्पना करिए इसके तुरंत बाद यदि किसी आकृति पर ध्यान लगाते हैं, ताकि जब आंखें बंद हों, तो फूल का मानसिक आकार दिखाई दे; कान बंद हों तो, आवाज मानसिक रूप से सुनाई दे। वह ऐंद्रिक अनुभव की एक अति सूक्ष्म अवस्था होती है। इस प्रकार जब कोई व्यक्ति मानसिक रूप से फूल कहता है और फूल का मानसिक स्तर पर पुरुश्चरण भी भले ही वाक्–इंद्रिय का कार्य है, किंतु वाक्–इंद्रिय अपनी अति सूक्ष्म स्थिति में काम कर रही है। जब आवाज ऊंची होती है, तब इंद्रिय अपनी स्थूल स्थिति में कार्य कर रही होती है; जब उसका मानसिक रूप से पुरुश्चरण किया

जाता है, तब वाक्–इंद्रिय अति सूक्ष्म स्थिति में कार्य कर रही होती है। जब फूल को स्थूल क्षेत्रों में अनुभव किया जाता है, तब मन का उसके साथ सारूप्य और अधिक पूर्णता से होता है। जब विचार अत्यंत सूक्ष्मतर स्तरों तक पहुँच जाता है, तब मन अनुभव की क्षमता के उन सूक्ष्मतर स्तरों के साथ अपनी सारूप्यता प्राप्त कर लेता है। हमारा यही आशय है, जब हम कहते हैं कि इंद्रियजन्य ज्ञान के साथ मन का तादात्म्य अत्यल्प होता है। इस प्रकार जब उसका अनुभव की क्षमता के सूक्ष्मतम पक्ष के साथ तादात्म्य स्थापित होता है, तब वह इंद्रियजन्य ज्ञान के साथ, अनुभव की क्षमता के साथ तादात्म्य–रहित की स्थिति प्राप्त करने की योग्यता प्राप्त कर लेता है।

प्रश्न : क्या यह केवल भावातीत ध्यान में ही होता है ?

महर्षि : केवल भावातीत ध्यान में, जो विचार की सूक्ष्मतम् स्थिति का प्रत्यक्ष अनुभव कराता है। विचार की सूक्ष्मतर स्थिति अनुभव करने का अर्थ है कि मन स्वयं अनुभव की क्षमता के सूक्ष्म क्षेत्रों के सारूप्य हो जाता है। इस प्रकार सारूप्यता कमतर होती जाती है और अंततः भावातीत क्षेत्र में, मन की अनुभव की क्षमता के क्षेत्र के साथ सारूप्यता शून्य हो जाती है। ऐसे में मन बाह्य विषयों की छाया के बिना स्वयं में स्थित हो जाता है। यह मन की शुद्धता कहलाती है। ऐसा मन जिसकी सारी अशुद्धियाँ दूर हो गई हैं। जब सर्वस्व भावातीत क्षेत्र में चला गया, जब मन अपनी मूल सत्ता में प्रतिष्ठित हो गया, तब शुद्ध हो गया। शुद्ध मन, अर्थात् चैतन्य रहने की योग्यता। चैतन्य रहने की यह योग्यता और चेतना दो पृथक् बातें हैं। मन, मन के रूप में चैतन्य मन है, किंतु अपनी चेतना के प्रति सजग है।

प्रश्न : महर्षि जी, जब किसी का मन बिना सारूप्यता के अपनी सही स्थिति में होता है, तब क्या अनुभव जगत् नितांत सुगम और मुक्त रूप से चलता रहता है ?

महर्षि : एक साथ नहीं।

प्रश्न : क्या यह संभव नहीं होता ?

महर्षि : असंभव, क्योंकि चेतना अपनी मौलिकता में भावातीत है। वह समस्त सापेक्षता का स्रोत है।

प्रश्न : क्या आप यह भी कहेंगे कि यदा–कदा जब अवांछनीय विचार आते हैं, तो उन्हें नियंत्रित करने का प्रयास नहीं करना चाहिए ? बस अपना मन मंत्र पर लगाओ और वह स्थिति को अपने आप संभाल लेगा?

महर्षि : वह उसे स्वतः संभाल लेगा। यह सकारात्मक मार्ग है। अन्यथा, यदि हम विचार नियंत्रित करने लगे, तो विचारों से संघर्ष करने लगेंगे; ऐसे में विचार और शक्तिशाली हो जाते हैं। यदि हमें कहा जाए कि इस बात पर मत सोचो, तो प्रायः बहुधा आप कहेंगे, "मैं उस पर सोचने नहीं जा रहा हूँ, मुझे वह नहीं सोचना है" और इस तरह उसे भूलने के स्थान पर, याद कर रहे होते हैं। तो हम क्या करें ? उसके प्रति तटस्थ हो जाएं तथा मन को वहाँ लगाएं जिसकी कोई सार्थकता हो और जैसे–जैसे भावातीत ध्यान का अभ्यास बढ़ता है, वैसे–वैसे आंतरिक सुख बढ़ता है, शांति बढ़ती है तथा संतोष बढ़ता है। ऐसे में स्वभावतः विचार, वाणी अथवा कार्य के क्षेत्र में कुछ भी अवांछनीय नहीं होगा, क्योंकि जीवन और अधिक प्राकृतिक हो जाता है। प्राकृतिक जीवन धार्मिक एवं सदाचारी होता है। भावातीत ध्यान जीवन की सभी अप्राकृतिक शैलियों का उन्मूलन करता है।

प्रश्न : क्या व्यक्ति के विचारों के निवारण में वस्तुओं की भूमिका होती है ?

महर्षि : ठीक है, किंतु भीतर आत्मा का अनुभव अधिक अपरिहार्य है। आत्मा के उत्कर्ष के लिए वस्त्र छोड़े जा सकते हैं, भोजन छोड़ा जा सकता है और अन्य वस्तुएं छोड़ी जा सकती हैं। यदि हम भावातीत ध्यान के अभ्यासी हैं, तो हमारे आस–पास की वस्तुओं से कुछ भी बाधा नहीं हो सकती। यदि हमारे पास किसी बात की कमी नहीं, हम समस्त भौतिक वैभव से संपन्न हैं, तो यह भौतिक वैभव भी हमें भीतर की ओर यात्रा करने में अवरोध नहीं बन सकेगा, क्योंकि इस यात्रा का बाहर से कोई सरोकार नहीं हैं। इसका कारण है कि भावातीत ध्यान मानसिक विचार के स्तर से प्रारंभ होकर भावातीत सत्ता के, आत्मा के स्तर तक जाता है। संसार में कोई भी वस्तु पाने की युक्ति यह है कि सब कुछ उस सीमा तक छोड़कर बाहर आ जाओ, ताकि जब आप हर वस्तु के विचार से बाहर आ जाएं, तो न केवल वह प्राप्त हो जाए, अपितु वह सब कुछ प्राप्त हो जाए, जिसकी कल्पना की जा सकती है। मोटे स्तर पर रचनात्मक चिंतन यह है कि यदि आप रोटी चाहते हैं, तो आप रोटी के विषय में सोचें और सोचते चले जाएं और रोटी मिल जाएगी। हम इस बात से सहमत हैं कि आप किसी वस्तु के विषय में अनवरत सोचते–सोचते उस विचार शक्ति में प्रतिष्ठित हो जाते है; आप उससे भी बड़ी विचार शक्ति में प्रतिष्ठित हो सकते हैं, यदि आप स्रष्टा के क्षेत्र से बाहर आ जाएं, सृजन के समस्त क्षेत्र से बाहर आ जाएं। अतएव रोटी के विषय में सोचना नहीं, अपितु भावातीत सत्ता को, स्रष्टा के क्षेत्र को पाना आवश्यक है – बस "भावातीत के क्षेत्र में आ जाओ"।

'पहले अपने भीतर परमात्मा से संपर्क करो'। केवल यही सूत्र जीवन के समस्त क्षेत्रों को परिपूर्ण करने के लिए पर्याप्त है – क्योंकि सब कुछ तो उसी में निहित है।

प्रश्न : तो क्या बस एक मानसिक उच्चारण करना उचित होगा, मन उसे दोहराए नहीं, अपितु उस बिंदु पर बना रहे ? मन उस उच्चारण को पकड़े हुए है और सूक्ष्म से सूक्ष्मतर अवस्थाओं की ओर बढ़ रहा है।

महर्षि : ऐसा हो सकता है। किंतु अभिप्रायतः, सजग होकर किसी मानसिक उच्चारण को पकड़े नहीं रहना चाहिए। बारंबार दोहराकर भावतीत होना अधिक सुगम होगा।

प्रश्न : दोहरा नहीं रहे हैं, तथापि उच्चारण की गुणवत्ता स्वयं परिवर्तित हो जाती है; बस ऐसा हो जाता है।

महर्षि : हम उसकी अनुमति नहीं देते। ऐसा हो सकता है, किंतु यह सही नहीं होगा । ऐसा मन के किसी भावनात्मक उद्वेग के कारण भी हो सकता है। पहले भगवद्दर्शन की, भगवान के दर्शन की ओर बढ़ने की भावनात्मक अनुभूति और फिर यह भाव कि अपने तो मंत्र दोहरा रहे हैं, यह गड़बड़ भावनात्मक उद्वेग के कारण हो सकती है और इससे आत्मसम्मोहन की स्थिति उत्पन्न होगी। इससे समूचा मन ऐसे आवृत्त हो जाएगा, जैसे वह ईश्वरीय धारणा का बंदी हो गया हो। यह शुद्ध चेतना की अवस्था नहीं होगी।

प्रश्न : तब तो इससे भ्रांति हो सकती है ?

महर्षि : यह भ्रांति हो सकती है, यद्यपि उस समय आप उसे अनुभव भी कर रहे होते हैं। वास्तव में यह भ्रांति होगी,

किंतु उस भ्रांति का पता नहीं चलेगा, क्योंकि आप उसका आनंद ले रहे होते हैं।

प्रश्न : यह तो बड़ी भयावह बात हो सकती है ?

महर्षि : भयावह इस अर्थ में कि भावों के परे जाने की वास्तविक अवस्था का अनुभव नहीं हो रहा है। जहाँ तक अनुभूति की बात है, वह स्वयं में भयावह नहीं है; यह तो अत्यंत सुखद होगी। हृदय प्रफुल्ल हो रहा होगा, किंतु आत्मा में वास्तविक गोते का अनुभव नहीं होगा। यह भगवान के साथ एका का अस्थायी भावनात्मक उद्वेग होगा, किन्तु यह एका की वास्तविक अवस्था नहीं है। अतएव हम किसी उच्चारण पर मन नहीं टिकाते।

यही अवस्था किसी उच्चारण की विभिन्न मात्राओं के अनुभव के माध्यम से भी आ सकती है, जब तक मन भावों से परे नहीं चला जाता। यह भी संभव है; किंतु हम नहीं कह सकते कि यह सही रूप से भावातीत होना है या मन इस भाव में आवृत्त रहता है। यह प्रमाणिक नहीं होगा, जिसके कारण हम, मन किसी उच्चारण पर नहीं टिकाते। यदि यह प्राकृतिक रूप से हो जाता है, तो इस पर अपना वश नहीं।

प्रश्न : किंतु निश्चित रूप से साधक इसे अपने अनुभव की गुणवत्ता से जान लेगा ?

महर्षि : नहीं, इसे स्वयं परखना कठिन होगा, क्योंकि इस धारणा पर भावनात्मक आवरण से कतिपय आनंद और विश्राम उत्पन्न होगा। किंतु जब मन वास्तव में भावातीत होगा, तब विश्राम और प्रफुल्लता के अतिरिक्त ऊर्जा का संचार होगा, अधिकाधिक ऊर्जा, जो दिन भर बनी रहती

है। कह सकते हैं कि इसका आधार इससे प्राप्त होने वाली ऊर्जा होगी। पहले मामले में मन सम्मोहन जैसी स्थिति में भावनात्मक धारणा से लिपटा रहेगा और प्रफुल्लता का अनुभव होगा और इसके चलते विश्राम का भी अनुभव होगा, किंतु ऊर्जा में वृद्धि का अनुभव नहीं होगा। विश्राम से जो मिलेगा, उतना तो होगा, किंतु इतना नहीं जितना वास्तव में भावातीत होने से मिलता है।

प्रश्न : मैं समझ सकता हूँ। किंतु, जब मन तीक्ष्ण और अति सूक्ष्म हो जाए और सूक्ष्मतर अवस्थाओं का अनुभव करे, तो निश्चय ही यह इस बात का संकेत है कि वह भावनात्मक आत्म–सम्मोहन नहीं है?

महर्षि : नहीं, क्योंकि दोनों मार्गों से सूक्ष्मतर अवस्थाओं का अनुभव हो सकता है। यह भावना की स्थिति हो सकती है, शत्–प्रतिशत् भावना, किंतु, जिस क्षण आप यह जानने लगते हैं, सोचने लगते हैं कि "मैं आनंद का अनुभव कर रहा हूँ और यह कितना सुखद है", बस यह विचार भावनात्मक आवरण उत्पन्न करने के लिए पर्याप्त है। यह अति सूक्ष्म बिंदु है।

प्रश्न : तब, क्या भावातीत ध्यान का परिणाम ही साधक की शुद्ध चेतना का सबसे सटीक मानदंड है?

महर्षि : भावातीत ध्यान का परिणाम पूरे दिन ऊर्जा के परिमाण के रूप में पता चलता है न कि सुख की अनुभूति द्वारा। ऐसा भावना की अनुभूति के संदर्भ में भी हो सकता है, किंतु साधक सचमुच भावातीत हुआ या नहीं, इसका अनुमान दिनभर के क्रियाकलापों के दौरान ऊर्जा में वृद्धि से चलेगा।

प्रश्न : क्या गृहस्थ जीवन में भावातीत ध्यान किया जा सकता है ?

महर्षि : उतनी ही सरलता से जैसे कोई सफेद कपड़े को पीले रंग में डुबोए। पीले रंग में डुबोया हुआ सफेद कपड़ा पीला होकर ही बाहर आता है। इसी प्रकार जब मन भावातीत अवस्था में जाता है और इस अवस्था में पूरी तरह भीगकर बाहर आता है, तो उसका स्तर भावातीत का होता है। इतना ही हो सकता है कि प्रारंभ में अभ्यास का प्रभाव पूरे दिन भरपूर न रहे, किंतु जैसे–जैसे अभ्यास बढ़ता है, अपने भीतर बारंबार गोता लगाते हैं, मन की दैवी गुण धारण करने की सामर्थ्य तब तक बढ़ती जाती है, जब तक उसकी मौलिक प्रकृति ही रूपांतरित नहीं हो जाती। सामान्य जीवन में भी भावातीत ध्यान का अभ्यास अत्यंत सरलता से किया जा सकता है; प्रातः तथा सायंकाल एक–एक गोता पूरे दिन की आवश्यकताएं पूरा करने के लिए पर्याप्त है।

प्रश्न : क्या सदैव भावातीत ध्यान का अभ्यास करना पड़ेगा ?

महर्षि : मन के तुरीयातीत चेतना में प्रतिष्ठित होने के उपरान्त, इसकी आवश्यकता नहीं रहेगी। सफेद कपड़ा पीले रंग में भीग–भीग कर एक बार पक्का हुआ, तदुपरांत उसे बार–बार डुबाने की आवश्यकता नहीं रहती। रंग जब चोखा हो जाएगा, तब धूमिल नहीं पड़ेगा। तुरीयातीत चेतना में प्रतिष्ठित व्यक्ति को भावातीत होने की आवश्यकता नहीं है, क्योंकि भावातीत चेतना उसके मन की स्थूलता में भी रच–बस चुकी होती है। वह मात्र अपने नेत्र बंद करता है तथा भावातीत हो जाता है। यदि वह इंद्रियों का प्रयोग नहीं करना चाहता, तो उनके द्वार बंद

कर भावातीत अवस्था में पहुँच जाता है। ऐसा इसलिए कि पहले की तरह अब कहीं जाना नहीं है। प्रारंभ में अभ्यास के दौरान स्थूल से सूक्ष्म और सूक्ष्म से भावातीत तक चेतना के विभिन्न स्तरों की यात्रा करनी पड़ती थी, किंतु. परे जाने के लिए चेतना की कोई आवश्यकता ही नहीं। गंतव्य पर खड़े हैं। वह सजगता के साथ नित्य भावातीत सत्ता में जीता है। उसके लिए अभ्यास का कोई अर्थ नहीं।

प्रश्न : भावातीत ध्यान की यह सरल प्रणाली क्या अभी–अभी खोजी गई है ?

महर्षि : नहीं, ऐसा कुछ भी नहीं है, जिसका पूर्व में अस्तित्व नहीं रहा है और उसका वर्तमान अथवा भविष्य में अस्तित्व न हो सके। भगवान कृष्ण हों या बुद्ध अथवा ईसामसीह, सारे शास्त्र इसी प्रणाली का प्रकाशन करते हैं। ईसा ने कहा, "पहले तुम अपने भीतर परमेश्वर के राज्य की खोज करो और तुम्हें सब कुछ प्राप्त हो जाएगा"। इस सीख में 'पहले' शब्द का बड़ा महत्व हैः जीवन का पहला कार्य, दिन का पहला कार्य। यह सूक्ति 'डू दिस फर्स्ट एंड ऐवरीथिंग विल भी एडड अनटू यू' (इसे पहले करो और तुम्हें सब कुछ मिल जाएगा), चेतना की भावातीत अवस्था तक पहुँचने की किसी शैली के बल के संदर्भ में ही कही गई है। ईसा ने अपने भीतर परमेश्वर के राज्य में पहुँचने की भूली हुई शैली का प्रकाशन किया; तदुपरांत कहा, अन्य सब कुछ तुम्हें मिल जाएगा और जीवन प्रफुल्ल और सुखी होगा, समस्त इच्छाएं पूर्ण होंगी। भगवान श्रीकृष्ण ने किंकर्त्तव्यविमूढ़ अर्जुन को 5000 वर्ष पूर्व उपदेश किया "निस्त्रैगुण्यो भवार्जुन'..........। अर्जुन, तीन गुणों के क्षेत्र से

बाहर आओ, जहाँ उस भ्रम, भय और अनिर्णय की स्थिति नहीं है, जो तुम जीवन में अनुभव कर रहे हो। सापेक्षता के क्षेत्र से बाहर आओ, इससे तुम्हारे कार्य और अधिक निष्णात् तथा सफल होंगे; तुम युद्ध में विजयी होगे और कर्म के बंधनकारी प्रभावों से मुक्ति प्राप्त करोगे। भगवान बुद्ध का भी यही संदेश थाः 'निर्वाण'– नित्यानंद की मुक्ति की इस अवस्था का प्रत्यक्ष मार्ग है। इतिहास का लेखा है कि उनके समय में भावातीत ध्यान की सरल पद्धति को जीवन में उतार कर सहस्रों लोग मुक्त हुए। इसमें कुछ भी नया नहीं है; कालांतर में इसे विस्मृत होना ही होता है, और फिर कोई उसे पुनः प्रकाश में लाता है। वैसे ही जैसे कोई राजमार्ग निर्मित होता है और कुछ समय पश्चात् वह जर्जर हो जाता है। तदुपरांत उसकी मरम्मत की जाती है तथा कुछ समय पश्चात् वह पुनः जर्जर होता है, पुनः उसकी मरम्मत होती है। यह घटनाओं का प्राकृतिक चक्र मात्र है। हम विश्व में कुछ भी नया नहीं देखते, वही पुरानी एवं प्राचीन पृथ्वी, वही पुरानी वायु, पुराना जल, उसी प्रकार के मनुष्य, वही कठिनाइयाँ, वही नित्य सर्वव्यापी आनंद, वही भगवान तथा वही पुराने सुख और दुःख। किंतु जब इसका पुनः वर्णन किया जाता है, सब कुछ पुनः प्रकाशित किया जाता है और यह नया लगता है।

प्रश्न : महर्षि जी, तो क्या भावातीत ध्यान अति प्राचीन है ?

महर्षि : अति प्राचीन। सर्वाधिक प्राचीन परंपरा। सत्य प्राचीन ज्ञान है तथा सत्य के साक्षात्कार का मार्ग भी अति प्राचीन है। इस विश्व में कुछ भी नया नहीं है।

प्रश्न : महर्षि जी, क्या आप मानते हैं कि जब व्यक्ति ध्यान प्रारंभ करता है, प्रेम स्वमेव उसकी ओर प्रवाहित होगा, वह प्रेम को सर्वत्र देखेगा। क्या यह बात व्यक्ति को पूर्णतया परिवर्तित कर देगी ?

महर्षि : भावातीत ध्यान मनुष्य को धीरे–धीरे पूर्णतया रूपांतरित कर देता है।

प्रश्न : क्या वह सदैव प्रभावी होता है ? किंतु क्षमा करें महर्षि, मैंने यहाँ पर अनेक लोगों को भावातीत ध्यान करते हुए देखा है, किंतु उनमें कोई परिवर्तन नहीं हुआ है।

महर्षि : यह नहीं हो सकता।

प्रश्न : क्यों ?

महर्षि : यह नहीं हो सकता कि सूर्य उदय हो और अंधकार बना रहे। जो व्यक्ति भावातीत ध्यान करता है, वह पहले जैसा नहीं रह सकता। यदि वह वैसा ही रहता, तो वह भावातीत ध्यान नहीं कर रहा है।

प्रश्न : भावातीत ध्यान, ध्यान की अन्य शैलियों की अपेक्षा इतनी अधिक सरल क्यों है ?

महर्षि : क्योंकि अन्य शैलियाँ जहाँ मन के साथ संघर्ष करती हैं, वहीं यह शैली मन को लुभाती है। मन को आनंद एवं सुख की निश्चित दिशा में जाने का न्यौता देती है। दूसरी शैलियां मन को ऐसी दिशा में जाने के लिए बाध्य करती हैं, जो उसके स्वभाव के अनुकूल नहीं है। भावातीत ध्यान मन पर कोई दबाव डाले अथवा धकेले बिना अपने भीतर के स्वर्ग के राज्य में, परमानंद के क्षेत्र में ले जाता है।

प्रश्न : यह कहने में जितना सरल प्रतीत होता है, उतना आरंभ करने में नहीं।

महर्षि : यदि आप इसका अभ्यास क्लेश के साथ प्रारंभ करते हैं, तो प्रारंभ स्वभावतः कठिन प्रतीत होगा। किंतु, यदि आप लक्ष्य के संधान पर ध्यान दें तो प्रारंभ सुगम होगा। प्रारंभ करना तब कठिन होता है, जब हम केवल प्रारंभ पर ही विचार करते हैं।

प्रश्न : यह प्रणाली एक साथ कठिन और सरल, दोनों क्यों प्रतीत होती है ?

महर्षि : संसार की प्रकृति ही ऐसी है। इसमें प्रकाश भी है और इसका विरोधाभास अंधकार की छाया भी। पृथ्वी पर उत्तरी ध्रुव है और दक्षिणी ध्रुव भी। एक–दूसरे की विरोधाभासी शक्तियाँ एक–दूसरे को निष्प्रभावी करने के लिए प्रवृत्त हैं। हर समय एक दूसरे की मान्यता को चुनौती देता है। किंतु सच्चाई यह है कि आकर्षण इतना अधिक है कि एक दूसरे के बिना विद्यमान नहीं रह सकता।

प्रश्न : किंतु यह द्वैत मात्र एक भ्रांति है, क्या यह सही नहीं है?

महर्षि : यदि द्वैत भ्रांति है, तो एकत्व प्रतिष्ठापित नहीं किया जा सकेगा। दोनों का अपना महत्व है; द्वैत के बिना, अद्वैत का कोई मूल्य नहीं। जैसा हमने कहा, यह प्राकृतिक है और दोनों वास्तविक हैं। विशिष्टता में दोनों विरोधाभासी हैं, तथापि दोनों की प्रीति इतनी परिपूर्ण है कि एक–दूसरे के बिना उनका अस्तित्व नहीं हो सकता। इतना परिपूर्ण कि एक नितांत दूसरे जैसा है और उनमें कोई अंतर नहीं है, तथापि अंतर इतना बड़ा है कि एक

दूसरे जैसा बिल्कुल नहीं है। एक शत्–प्रतिशत् विविधता और दूसरी शत्–प्रतिशत् एकता, दोनों एक साथ अपना कार्य करती हुईं। वह सृष्टि के कार्य का स्वभाव है। यही सच्ची वास्तविकता है। एक अवास्तविक प्रतीत होती है, दूसरी वास्तविक। सच्चाई यह है कि दोनों वास्तविक हैं और इससे भी बड़ी वास्तविकता यह हैं कि दोनों एक साथ वास्तविक हैं। जितनी पानी की सच्चाई है, उतना ही बर्फ की। किंतु दोनों एक–दूसरे के नितांत विपरीत हैं और वास्तविकता यह है कि बर्फ बिना पानी के नहीं रह सकती। इतनी अधिक घनिष्ठता है कि बर्फ का अस्तित्व पानी के बिना नहीं है, अपितु वह पानी है और पानी के अतिरिक्त कुछ भी नहीं है। एकता एवं विविधता एक ही समय और दोनों एक साथ।

प्रश्न : यदि किसी व्यक्ति को भावातीत ध्यान सिखा दिया जाए और वह कुछ दिन बाद उसका अभ्यास छोड़ दे, तब जो लाभ उसे हुआ है, क्या वह बना रहेगा ?

महर्षि : आप एक दुकान खोलते हैं और उसे हर दिन खोलते रहेंगे, तो आपको उसका लाभ मिलता रहेगा, किंतु यदि आप दुकान खोलना बंद कर दें, तो जो लाभ आपने प्राप्त किया है, वह धीरे–धीरे खर्च हो जाएगा और कुछ भी शेष नहीं रहेगा। यह अत्यंत व्यावहारिक बात है। जब हम दुकान खोलते हैं, तो लाभ होगा ही। जब हम नहीं खोलते, लाभ तब भी रहेगा। यदि हम लाभ की राशि बचाए रख सकें और उसे खर्च न करें। स्पष्ट है कि वह राशि हर समय हमारे साथ होगी, किंतु जब हम उसे व्यय करते हैं, तो वह राशि समाप्त हो जाएगी।

प्रश्न : जो अनुभव हमने प्राप्त किया है, वह कैसे समाप्त हो सकता है ?

महर्षि : इसका उत्तर देने के लिए हम अनुभव प्राप्त करने की प्रक्रिया पर दृष्टिपात करते हैं। यदि अनुभव स्थूल अनुभव से निवृत्त होकर सूक्ष्म क्षेत्र में जाते हुए और अंततोगत्वा बाह्य–जगत् से पूर्णतया निवृत्त होकर अपनी आत्मचेतना में पहुँचने पर होता है, तो इसका अर्थ हुआ कि हमें अपनी आत्मा का अनुभव उस समय होता है, जब हम बाह्य–जगत् से पूर्णतया बाहर होते हैं। जब मन पूर्णतया निवृत्त हो जाता है, भावातीत अवस्था प्राप्त कर लेता है, तब वह अपनी मौलिक अवस्था में आ जाता है। जब वैयक्तिक स्तर पर मन शत्–प्रतिशत् भावातीत हो जाता है, तब समष्टि का मन, ब्राह्मी चेतना हो जाता है। बाहर आने पर मन शत्–प्रतिशत् भावातीत नहीं रहता, क्योंकि इंद्रियगोचरता के क्षेत्र में मन सापेक्षता में तल्लीन हो जाता है। मन को भौतिक वस्तुओं का अनुभव करना होता है, फूल का नाम लेते हैं। फूल का रूप मन पर छा जाता है। अब हमारे सामने दो वैकल्पिक स्थितियाँ हैं। एक, जब मन पूर्णतया भाव निवृत्त है और सच्चिदानंद की छाप सौ प्रतिशत् है। दूसरा, जब मन बाहर है, उस पर फूल के रूप की छाप है और इससे शुद्ध चेतना प्रभावित है। मन की अंतर्मुखी अवस्था में चेतना शुद्ध है, किसी स्फटिक की शुद्ध, स्वच्छ, रंगहीन स्थिति की भांति; जब आप स्फटिक किसी वस्तु के समीप लाते हैं, तो उस पर वस्तु का रंग प्रतिबिंबित होता है, वह अपनी शुद्ध, रंगहीन, स्वच्छ स्थिति में नहीं मिलता; वह वस्तु से प्रभावित होता है। यही दृष्टांत हमारे मन पर लागू होता है। जब मन बाह्य जगत से निवृत्त हो जाता है, तब वह अपनी शुद्ध

स्थिति में होता है। पुनः बाहर आकर मन बाह्य वस्तुओं से प्रभावित होता है। वह परम् शुद्ध चेतना शुद्ध नहीं रहती है, बाह्य अनुभवों का प्रभाव उसे मिश्रित चेतना बना देता है।

इस प्रकार अभ्यास के आरंभ में जब मन विचार निवृत्त होकर भावातीत हो जाता है और जब पुनः विचारों के क्षेत्र में वापस आता है, तब उसमें ध्यान के दौरान प्राप्त भावातीत सत्ता का अंश बहुत अधिक नहीं रह जाता। ऐसा इसलिए होता है क्योंकि मन अनेकानेक वर्षों से बाह्य जगत् से प्रभावित रहा होता है और इधर–उधर की चीजों का अभ्यस्त हो जाता है। यह सही है कि भावों से निवृत्ति की अवस्था में चेतना की शुद्धता शत्–प्रतिशत् है, किंतु मन जब बाहर जाता है, तब उसमें शुद्ध चेतना का अंश दो, तीन, चार या पांच प्रतिशत् हो जाता है। यदि यह मानें कि यह अंश पांच प्रतिशत् है, तब बाह्य विषयों के प्रभाव का पच्चानवे प्रतिशत् वास्तविक होगा। अभ्यास के साथ इस अंश में वृद्धि होती है, किंतु यदि हम अभ्यास नहीं करेंगे तो वृद्धि अवरुद्ध हो जाएगी। यही नहीं न केवल वृद्धि अवरुद्ध होगी, बल्कि मन वह पांच प्रतिशत् भी खोना प्रारंभ कर देगा, जैसे–जैसे वह अधिक से अधिक बाह्य विषयों के प्रभाव में आएगा। इसका कारण यह है कि जहाँ आंतरिक प्रभाव क्षणिक है, वहीं बाह्य प्रभाव अनवरत् और अविराम; अतएव आवश्यक है कि व्यक्ति हर समय बाह्य अनुभव में ही न लगा रहे, बल्कि कुछ समय के लिए अपने भीतर ही निवृत्त होकर आनंदमयी भावातीत चेतना में गोता लगाए, ताकि मन शुद्ध चेतना से परिचित हो सके। इस प्रकार जब वह इसका अभ्यस्त हो जाएगा, तब वह चेतना को अधिक से अधिक

संजोए रख सकेगा। एक समय ऐसा आएगा जब उस शुद्ध चेतना का शत्–प्रतिशत् प्रभाव व्यावहारिक क्षेत्र में भी बना रहेगा। दूसरे शब्दों में मन विषयों के प्रभाव से प्रभावित नहीं होगा। विषय का प्रतिबिंब पांच प्रतिशत् और सत्–चित्–आनंद की स्थिति पंच्चानवे प्रतिशत् होगी। अंततोगत्वा, अभ्यास करते–करते शत्–प्रतिशत् शुद्ध चेतना का उद्भव होगा और विषय का प्रतिबिंब पानी पर लकीर की भांति छिछले स्तर पर होगा। *एकदा* जब यह स्थिति आ जाती है, तब भीतर की ओर वापस जाना आवश्यक नहीं रह जाता। इस स्थिति में कुछ भी खोने के लिए नहीं रहता, शत्–प्रतिशत् ही प्राप्ति होती है। मन की ग्राह्य–क्षमता लबालब हो जाती है।

जब जलाशय भर जाए, तब उसे उमड़कर बहने दे सकते हैं, किंतु जब तक वह उमड़कर बहना प्रारंभ नहीं कर देता, तब तक उसमें जल की कमी की स्थिति बनी रहेगी। तो यह है कि कैसे ध्यान से प्राप्त अनुभव का क्षय होता है और हम उसे खोना किस प्रकार प्रारंभ कर देते हैं। लाभ की स्थिति तब होती है, जब मन बाह्य जगत् से निवृत्त होकर अंतर्मुखी हो जाता है। बहिर्मुखी होने पर उसकी भावातीत अवस्था सौ प्रतिशत् नहीं रह पाती, क्योंकि वह बाह्य विषयों से प्रभावित हो जाती है। इस प्रकार बाह्य प्रभाव चेतना की शुद्धता कम कर देता है। शुद्ध चेतना का अंश घट जाता है और जब हमारा मन हर समय बाहर ही बाहर रहता है, निवृत्त होकर कभी भीतर की ओर नहीं जाता, तो उसकी शुद्धता अनवरत् क्षरित होती रहती है। जब हम भीतर जाते हैं, सौ प्रतिशत् शुद्धता की प्राप्ति होती है। बाहर आने पर केवल पांच प्रतिशत् बची रहती है। यदि हम भीतर न जाएं, तो हम

यह पांच प्रतिशत् खो सकते हैं, जो भीतर जाने पर प्राप्त की थी। इस ढंग से प्राप्त अनुभव का क्षय होता है।

प्रश्न : क्या भावातीत ध्यान करने के पूर्व दिन भर की घटनाओं का पुनरावलोकन करना श्रेयस्कर है ?

महर्षि : नहीं, ऐसा करना श्रेयस्कर नहीं है। हमारी दृष्टि २। तो यह अत्यंत निषिद्ध मानसिक आचरण है। विश्व सापेक्ष है – कुछ हितकर या अहितकर होता रहता है। यदि हम दिन भर के क्रियाकलापों का पुनरावलोकन करना अपनी दिनचर्या का अंग बना लें, रात में उनका स्मरण कर सोएं, तो हमारे मस्तिष्क पर उनकी छाप रह जाएगी और वह नींद में गहराई तक पैठ बना लेगी। अनेक लोगों ने इस प्रकार के पुनरावलोकन की संस्तुति की है, किन्तु हम ऐसा करने के अत्यंत विरुद्ध हैं। जो हो गया, हमें उसका स्मरण नहीं करना है। भूतकाल की अयुक्त बातों को भुलाना ही श्रेयस्कर है। सर्वोत्तम् यह है कि हम ध्यान करते हुए नींद में जाएं। जब हम दैवीचेतना के साथ युक्त होते हैं और विश्राम में जाते हैं, तो हम अपने अपकृत्यों या दिन भर की घटनाओं का स्मरण करने से बचे रहते हैं। दिन भर की घटनाओं के पुनरावलोकन करने का कोई लाभ नहीं है।

जहाँ तक अपने पूर्व के कृत्यों के पुनरावलोकन की बात है, तो उसका प्रयोजन आत्मोन्नति है। प्रयोजन तो हितकर है, किंतु पुनरावलोकन यह अभ्यास हितकर नहीं है। पूर्व के कृत्यों के पुनरावलोकन का प्रयोजन यही होता है कि यदि हमने अपकृत्य किए हैं, तो हम उन पर पश्चाताप करें और उनसे सीख लेकर ऐसी तैयारी करें कि अगले दिन उसी प्रकार के अपकृत्यों की पुनरावृत्ति न हो सके।

किंतु पूर्व का पुनरावलोकन कर हम उन अपकृत्यों की अपने मस्तिष्क पर पड़ी छाप और गहरी बनाते हैं। मान लीजिए कि सड़क पर हम किसी व्यक्ति को थप्पड़ मार देते हैं और रात्रि में यह सोचकर उसपर पश्चाताप करते हैं कि ऐसा करने से हमारा स्वभाव बदल जाएगा और हम इस अपकृत्य की पुनरावृत्ति नहीं करेंगे। किंतु इससे हुआ क्या ? हम एक कुप्रवृत्ति से छुटकारा पा गए। किन्तु इस तरह हम एक–एक कर कितनी कुप्रवृत्तियों से पीछा छुड़ा सकते हैं ? इस मंद और कष्टसाध्य प्रक्रिया में पड़ने से अच्छा होगा कि हम भावातीत ध्यान करें और दैवीचेतना से युक्त हों। आंतरिक सुख का अनुभव कर हम आंतरिक संतोष प्राप्त करते हैं। *एकदा*, हम संतुष्ट हुए नहीं कि समस्त दुष्प्रवृत्तियां दूर हो जाती हैं। आंतरिक असंतोष के कारण ही हम दुष्प्रवृत्तियों का शिकार होते हैं। यदि संतोष प्राप्त करने का कोई मार्ग मिल जाए, तो समस्त अपकर्मों एवं दुराचरणों के मूल कारण का उन्मूलन हो जाएगा। अतएव श्रेष्ठ उपाय देवीचेतना से युक्त होना और संतोष प्राप्त करना है, जिससे न केवल दिन में किए हुए दुष्कृत्यों का ही उन्मूलन होगा, अपितु कल कुछ भी अपकृत्य करने की संभावना पर भी विराम लग जाएगा।

अतएव, यद्यपि हम अपने प्रतिदिन के कार्यों के पुनरावलोकन के महत्व को स्वीकार कर लें और यह भी मान लें कि इसका कुछ व्यावहारिक महत्व भी है, तो भी सर्वाधिक लाभ अपना मन आंतरिक दैवी योग की प्रक्रिया में लगाकर ही प्राप्त कर सकेंगे। अतएव श्रेयस्कर यही होगा कि हम सोने से पूर्व भावातीत ध्यान के माध्यम से दैवीचेतना से युक्त हों। तर्क के स्थूल क्षेत्र में दिनभर की घटनाओं का पुनरावलोकन अत्यंत कारगर प्रणाली

प्रतीत हो सकती है, किंतु, दूसरे दिन जब कोई ऐसा ही अवसर आएगा और हृदय अशांत होगा, तब रात्रि का विचार स्मरण नहीं आएगा। अतः दैवीचेतना से युक्त हो और असंतोष से मुक्ति पाओ। भावातीत ध्यान करते हुए सो जाना ही श्रेष्ठ उपाय है। जैसे कोई व्यापारी सदैव सोचता है कि धन का सदुपयोग कैसे किया जाए, धन के प्रयोग का उत्कृष्ट उपाय क्या है, उसका कैसे निवेश करें कि कम से कम समय में अधिकाधिक लाभ अर्जित किया जा सके। हम भी इसी प्रकार सोचते हैं, जब हमें भगवान से प्रार्थना करनी होती है, तो हम इस ढंग से प्रार्थना करते हैं कि प्रार्थना का लाभ अधिकतम् मिले। निस्संदेह अपने पूर्व कर्मों के पुनरावलोकन के कुछ लाभ हैं और अनेक लोगों ने इसे लाभप्रद अभ्यास के रूप में पाई है। इसमें निहित मूल्य को हम स्वीकार करते हैं और हम यह भी स्वीकार करते हैं कि यह और अधिक मूल्यवान हो सकता है, यदि नियमित पुनरावलोकन की प्रक्रिया का अभ्यास करने के स्थान पर हम भावातीत ध्यान करें और सोएं। उसके समस्त मूल्य स्वीकार करते हुए हम सर्वाधिक मूल्यवान् उपलब्धि की ओर अग्रसर होते हैं।

प्रश्न : परमानंद आने में कितना समय लगता है ?

महर्षि : समय का कोई प्रश्न नहीं है। इसका अस्थाई अनुभव तो अभ्यास आरंभ करते ही होने लगता है। कुछ लोगों को इसका अनुभव दूसरों की अपेक्षा शीघ्र होने लगता है। यह इस बात पर निर्भर करता है कि निर्देशों का पालन कितने सही ढंग से हो रहा है। बस इतना जानना आवश्यक है कि उस पर मन सही ढंग से कैसे लगाया जाए। तदुपरांत कोई कारण नहीं रह जाता कि आप सत्य तक तत्काल और शीघ्रता से न पहुँचें।

प्रश्न : क्या प्रबुद्ध व्यक्ति अपेक्षाकृत आसानी से भावातीत हो जाता है ?

महर्षि : आवश्यक नहीं। प्रबुद्ध प्रायः सहजता से भावातीत अवस्था की ओर अग्रसर होते हैं तथापि हम यह नहीं कह सकते कि ऐसा बुद्धि के कारण होता है। मानसिक जड़ता अवरोध अवश्य है, किंतु शिक्षित हो या अशिक्षित, निर्देशों का सही ढंग से पालन होने पर प्रत्येक व्यक्ति के लिए भावातीत होने के अवसर समान हैं।

प्रश्न : आप जिस सुख की बात करते हैं, क्या वह उससे पृथक् है, जिसे हम सुख समझते हैं। आपका आशय परमानंद से तो नहीं ?

महर्षि : परम् प्रफुल्लता भावातीत ध्यान के दीर्घकालिक अभ्यास का सुफल है, किंतु व्यक्ति की दैनिंदनी में प्रफुल्लता में वृद्धि का अनुभव अभ्यास के आरंभ से ही होने लगता है। प्रारंभ में हमारा सरोकार प्रकाश की प्रखरता में वृद्धि से, सुख में वृद्धि से रहता है, क्योंकि यह सुनिश्चित करता है कि हमारी परमानंद की अवस्था की ओर अग्रसर होने की दिशा सही है।

प्रश्न : मैं भावातीत ध्यान में गोता लगाता हूँ, अनुभव सुखद होते हैं, कभी–कभी मोहक रंग दिखाई पड़ते, किंतु यह अभीष्ट नहीं है।

महर्षि : यदि प्रक्रिया ऐसी है कि उसमें मोहक अनुभवों में दत्तचित्त होना पड़े, तब प्रक्रिया को और अधिक स्पष्ट करने की आवश्यकता है। प्रक्रिया ऐसी होनी चाहिए कि हर अभ्यास में भावातीत हो जाएं। भावातीत होने के लिए महीने या वर्ष नहीं लगने चाहिए। आधे घंटे के अभ्यास में आपको

तीन या चार बार भावातीत होना चाहिए। ऐसा होने से मन सूक्ष्म स्तरों में जाने के लिए पारंगत होगा। जब हम बाहर के तेज प्रकाश से अत्यंत अंधेरी गुफा में प्रवेश करते हैं, तो हम धीरे–धीरे आगे बढ़ते हैं, क्योंकि कुछ समय पश्चात् ही हमारी आँखें अंधेरे में देखना प्रारंभ करती हैं। यही बात मन के साथ है। उसे प्रशिक्षण चाहिए। अनेक वर्षों से वह संसार में जीवन के स्थूल और मूर्त स्तरो का अनुभव करता रहा है; अतएव हम मन को धीरे–धीरे सूक्ष्म स्तरों की ओर अग्रसर करते हैं। मन की अधिकाधिक सूक्ष्म अनुभव करने की क्षमता तब तक बढ़ाते जाते हैं, अंततोगत्वा जब तक वह भावातीत सत्ता का अनुभव करने में समर्थ नहीं हो जाता।

प्रश्न : भावातीत सत्ता का अनुभव प्राप्त करने के लिए क्या किसी त्याग की आवश्यकता है ?

महर्षि : त्याग क्या करना है ? हमें केवल भीतर की ओर मुड़ना है और उसके उपरांत बाहर आना है। किसी भी प्रकार का त्याग नहीं करना है। आप ही बताइए जो व्यक्ति छोटी सी झोपड़ी में रह रहा हो, यदि उसे महल में रहने को मिल जाए, तो क्या हम यह कहेंगे कि उसने झोपड़ी का त्याग किया, क्योंकि वह महल में रहने लगा। इसमें कहीं से हानि दिखाई नहीं पड़ती। इस बात को ऐसे भी समझ सकते हैं कि जैसे कोई व्यक्ति एक लाख रुपए वार्षिक कमाते हुए अपने व्यापार से संतुष्ट हो और वह एक करोड़ रुपये प्रतिवर्ष कमाने लग जाए। अब इसे यह तो नहीं कहेंगे कि उसने कुछ खोया ? इसे तो एक लाख रुपये की हानि की बजाए एक करोड़ रुपये की उपलब्धि ही कहा जाएगा। अतएव हम उसे हानि नहीं समझते।

निचोड़ यह है कि हर दिन थोड़े समय ध्यान के अभ्यास में बैठो, आनंद में गोते लगाओ और उसके उपरांत बाहर आ जाओ। इसमें कुछ भी त्याग की आवश्यकता नहीं है। त्याग का सिद्धांत तथा अनासक्ति का सिद्धान्त सांसारिक लोगों के लिए नहीं है। यदि आप इस तथ्य से अवगत हैं कि आनंद सर्वव्यापी हैं, ईश्वरीय सत्ता ठीक मेरे भीतर है, तो आपको तब भी स्वाभाविक रूप से इस सत्ता का रस लेते रहना चाहिए, जब आंखें संसार के बाह्य वैभव का भोग कर रही होती हैं। कुछ लोग इस मत के हैं, जो कहते हैं कि यदि आप अमुक वस्तु छोड़ेंगे, तब ही आपको वह वस्तु मिलेगी। सांसारिक भोगों का त्याग करने पर ही आत्मा का आनंद तथा अन्य पारलौकिक उपलब्धियाँ होंगी; वे कहते हैं कि जब तक इस बत्ती को नहीं बुझाओगे, तब तक कमरे में सूर्य का प्रखर प्रकाश कैसे पहुँचेगा ? यह कुतर्क है। हम कहते हैं कि इस प्रकाश में रहते हुए, बल्कि यह कहें कि इस प्रकाश की सहायता से दरवाजा खोलो और प्रखर प्रकाश भीतर आ जाएगा। प्रखर प्रकाश भीतर आने देने के लिए दरवाजा खोलना आवश्यक है, बत्ती को बुझाना नहीं। जो आपको संसार के परित्याग का परामर्श देते हैं, वे सोचते हैं कि संसार की महिमा अधिक तेजोमय है और जब तक मन इस महिमा में लगा रहेगा, तब तक वह कम तेजोमय वाले क्षेत्र की ओर कैसे जा सकता है ? इस प्रकार वे कहीं न कहीं ईश्वर की महिमा को संसार की महिमा से कम आंकते हैं और कहते हैं कि यदि ईश्वर की शरण में जाना है, तो मन को संसार की महिमा से दूर रखो। अनासक्ति के सिद्धांत का आधार यही है – संसार महिमामय और आकर्षक होने के कारण मन को मोहित

करने वाला है और जब तक तुम संसार से विमुख नहीं हो जाते, दैवीसत्ता का रस कैसे ले सकते हो ? इससे बड़ा कुतर्क क्या हो सकता है। दैवीसत्ता का क्षेत्र घर के बाहर सूर्य के तेज प्रकाश की भांति है और संसार का क्षेत्र कमरे के भीतर बिजली के प्रकाश के सदृश। संसार के क्षेत्र में रहते हुए, भौतिक जीवन की समस्त महिमाओं का उपभोग करते हुए बस आंतरिक द्वार खुलने दो; अनुभव के स्वरूप को कुछ समय के लिए, कुछ मिनटों के लिए भीतर की ओर मुड़ने दो, इतना पर्याप्त है। संसार की वस्तुएं प्राप्त करने के लिए अधिक समय चाहिए, क्योंकि वे बाह्य क्षेत्र के विषय हैं और जो आपसे दूर हैं उन पर अधिक ध्यान देने की आवश्यकता है, किंतु उसे जो भीतर है, केवल वहाँ जाने और आनंद लेने की आवश्यकता है – बस कुछ मिनट भीतर तथा फिर बाहर आना।

अतएव दो बातें हैंः एक यह कि संसार में किंचित त्याग की आवश्यकता नहीं है; अनासक्ति का कोई भाव आवश्यक नहीं। दूसरी बात जो और भी अधिक महत्व की है वह यह कि संसार की प्रखरता आंतरिक आत्मा के प्रकाश से और भी अधिक जगमगा जाएगी। केवल इतना ही नहीं कि न केवल जीवन के भौतिक एवं आध्यात्मिक पक्ष साथ–साथ विकसित होंगे, अपितु आंतरिक जीवन के अनुभव से बाह्य जीवन का वैभव और भी अधिक दीप्तिमान् हो जाएगा।

प्रश्न : यह अवस्था प्राप्त करने के लिए क्या विशेष परिस्थितियाँ अपेक्षित होती हैं ?

महर्षि : कुछ विशेष नहीं, उसमें से एक है शांति, कोई शांत स्थान।

प्रश्न : और क्या कोई विशेष आसन लगाने की आवश्यकता होती है ?

महर्षि : आसन का उतना महत्व नहीं है। बस शरीर अधिक थका नहीं होना चाहिए। ठीक जैसे कोलाहल मन को दूसरी ओर आकर्षित करता है, उसी प्रकार शारीरिक थकावट मन को कुंद करती है। सबसे महत्वपूर्ण बात मन लगाने की युक्ति है – मन को कहाँ और कैसे रखें जिससे वह ऐंद्रिक अनुभव की सीमाओं से परे जा सके। मन भाव के सूक्ष्म, सूक्ष्मतर एवं सूक्ष्मतम् स्तरों का अनुभव करते हुए अंततः सूक्ष्मतम् स्तर को भी पार कर भावातीत सत्ता तक पहुँचना चाहिए। भावातीत ध्यान के माध्यम के सूक्ष्मतम् स्वरूप का अनुभव करने की युक्ति सबसे महत्वपूर्ण बात है। जब शरीर थका होता है, मन कुंद हो जाता है और मंत्र के सूक्ष्म क्षेत्रों का अनुभव नहीं कर सकता। यही कारण है कि शारीरिक थकान भावातीत ध्यान के अनुकूल नहीं होगी। जहाँ तक कोलाहलपूर्ण स्थान की बात है, मन अनुभव के गहनतर स्तरों में प्रवेश तो करेगा, किंतु बाहरी कोलाहल उसे अपनी ओर खींचेगा।

प्रश्न : इसका अर्थ क्या यह निकालें कि यदि हम थके हुए हैं अथवा आसपास वाहनों का शोरगुल है, तो हमें भावातीत ध्यान करने का प्रयास नहीं करना चाहिए ?

महर्षि : मन यातायात के शोर की अनसुनी कर देगा। यद्यपि यातायात का शोरगुल भावातीत होने में बाधा डालेगा, तो भी मन भावातीत हो जाएगा। भावातीत होने का अर्थ है समस्त सापेक्ष अनुभवों के परे जाना। भावातीत ध्यान की शैली मन को भीतर की ओर ले जाएगी, जबकि बाहरी शोरगुल मन को बाहर खींचेगा। किंतु, यदि आपको सारा

समय शोरगुल में रहना पड़े, तो आप उसकी केवल उपेक्षा कर सकते हैं। इसे सहजता से लेने की आवश्यकता है। इस प्रकार के परिवेश में ध्यान करते समय कभी आप गहराई में जा रहे होंगे, तो कभी सतह पर तैर रहे होंगे। इसको केवल सहजता से लें। शोरगुल निरंतर हो भी रहा हो, तो भी भावातीत ध्यान करते समय इससे निपटा जा सकता है। दूसरी ओर जब शरीर थका हो और भावातीत ध्यान करेंगे, तो भावातीत होना अपेक्षाकृत कठिन होगा, क्योंकि शारीरिक थकान मन को कुंद करती है, जिससे अनुभव की स्पष्टता भी धूमिल होती है। यदि शरीर बहुत थका हुआ है, तो मन घिसटने लगता है और स्थूल वस्तुएं भी अनुभव में नहीं आती। ऐसी स्थिति में भावातीत ध्यान करने की अपेक्षा सो जाना अच्छा है। यदि थका हुआ व्यक्ति भावातीत ध्यान करेगा, तो वह दस मिनट में ही सो जाएगा। यदि ध्यान करते समय नींद आती है, सो जाना अच्छा है, क्योंकि ऐसे में विश्राम गहरा और पूरा होगा। इस समय की थोड़ी देर की नींद से उतना विश्राम मिल जाएगा, जितना सामान्यतया काफी देर तक सोने से मिलता है। इसका कुछ लाभ अवश्य है, किंतु उतना नहीं, जितना भावातीत होने से मिलता है। आज के भागदौड़ के संसार में, यदि हमें इस प्रकार का आधे घंटे का विश्राम मिल जाए, तो उसका भी बहुत मोल है।

प्रश्न : यदि किसी व्यक्ति ने कठोर मानसिक श्रम किया है और उसका मन थका हुआ है, तो उसका ध्यान कैसे लगेगा?

महर्षि : किसी थके हुए मन का अर्थ है कि मन सूक्ष्म स्तरों का अनुभव करने में समर्थ नहीं है। उसमें सुस्पष्ट अनुभव की योग्यता नहीं है; थका हुआ मन नींद में चला जाता है।

प्रश्न : तो क्या भावातीत ध्यान से पहले मन में सुविचारों या अच्छी मनःस्थिति में होने से अंतर पड़ता है ?

महर्षि : भावातीत ध्यान से पूर्व मन में क्या चल रहा है, हम उस पर कोई ध्यान नहीं देते। हम जैसे भी हैं, बस अभ्यास प्रारंभ कर देते हैं, स्थिति कुछ भी हो।

प्रश्न : महर्षि जी, भोजन के कितनी देर के बाद भावातीत ध्यान करना चाहिये ?

महर्षि : लगभग डेढ़ घंटे पश्चात्।

प्रश्न : भोजन के तत्काल बाद भावातीत ध्यान नहीं करना चाहिए?

महर्षि : नहीं, तत्काल नहीं, क्योंकि भावातीत ध्यान की प्रक्रिया से श्वॉस की गति मंद हो जाती है और भोजन के उपरांत अधिक श्वॉस चाहिए होती है। भोजन पचाने के लिए अधिक ऑक्सीजन की आवश्यकता होती है। भोजन श्वॉस को भारी बनाता है, भावातीत ध्यान श्वॉस की गति को मंद करता है। दो परस्पर विरोधी प्रक्रियाओं से हम बचते हैं।

प्रश्न : यदि संध्याकाल में निर्धारित समय में ध्यान न कर पाएं, तो रात को कितने बजे तक भावातीत ध्यान कर सकते हैं ?

महर्षि : भावातीत ध्यान का सर्वोत्तम समय भोजन से पूर्व है।

प्रश्न : क्या रात में लगभग दस या ग्यारह बजे ध्यान कर सकते हैं ?

महर्षि : भावातीत ध्यान मन को ऊर्जा के स्रोत की ओर ले जाता

है। यदि आप बिस्तर पर जाने के पूर्व ध्यान करेंगे तो ताजगी का अनुभव करेंगें और हो सकता है कि आपको नींद न आए। हो सकता है आप बिस्तर पर दो–तीन घंटे लेटे–लेटे नींद की प्रतीक्षा करते रहें और जब प्रातःकाल उठें तो शरीर पूरी तरह तरोताजा न रहे। आपको भीतर से तो ताजगी का अनुभव हो, किंतु शरीर विश्राम मांगे। अतएव सोने से तुरंत पहले भावातीत ध्यान करना अच्छा नहीं है। ध्यान की अन्य प्रणालियाँ हो सकती हैं, जिनका नींद से पूर्व करना श्रेयस्कर हो, किंतु इस प्रणाली में नहीं, क्योंकि यह प्रणाली मन को सीधे भावातीत चेतना की ओर ले जाती है।

प्रश्न : क्या कोई व्यक्ति थोड़े–थोड़े अंतरालों पर भावातीत ध्यान कर सकता है, जैसे दो घंटे में या परिस्थितिवश दिन में केवल एक ही बार ?

महर्षि : भावातीत ध्यान करने में दो बातें महत्वपूर्ण होती हैं; एक बाह्य क्षेत्र में शांति और दूसरी आंतरिक क्षेत्र में ताजगी। जब आप भावातीत ध्यान करें, तो मन ताजा होना चाहिए; दूसरा जहाँ ध्यान करें, वह स्थान यथा संभव कोलाहल से मुक्त हो, क्योंकि बाहरी शोरगुल मन को भीतर की ओर जाने से विमुख करता है। किंतु, यदि आप शांत क्षेत्र में नहीं रह रहें हैं, तब इस शोरगुल के प्रति तटस्थता का भाव सर्वोत्तम होगा। इसे लेकर विचलित न हों। बस मंत्र दोहराते रहें और शोरगुल की चिंता न करें। बात इतनी है कि जहाँ ध्यान करने जा रहे हैं, वह स्थान यदि शोरगुल से मुक्त है, तो आदर्श होगा। रही बात आंतरिक ताजगी की, तो जब शरीर थका होता है और मन में जड़ता रहती है, तब मंत्र के सूक्ष्म क्षेत्रों का अनुभव न करने पर, क्या

आप कह सकते हैं कि ध्यान अच्छा हो रहा है ? सूक्ष्म क्षेत्रों का अनुभव करने के लिए मन प्रखर होना चाहिए। यदि मन प्रखर, सजग एवं सजीव नहीं है, तब सूक्ष्मतर क्षेत्र का अनुभव नहीं होगा। जब शरीर थका हुआ होता है और मन जड़ता का अनुभव करने लगता है, तब कुंद मन मंत्र के सूक्ष्म क्षेत्रों का अनुभव करने में असफल रहता है और आनंद का अनुभव नहीं करता और आनंद का अनुभव न होने के कारण विचारों में उलझा रहता है और विचार भावातीत नहीं होने देते। ध्यान पर्यन्त विचार चलते रहेंगे और सतही स्तर पर भी चलता रहेगा, किंतु मंत्र के सूक्ष्मतर स्तरों का अनुभव नहीं होगा। अतएव थके शरीर अथवा भारी भोजन के तत्काल बाद भावातीत ध्यान करना उचित नहीं है। भोजन के उपरांत शरीर सुस्त हो जाता हैं, क्योंकि भोजन के तुरंत बाद पाचनतंत्र को भोजन पचाने के लिए ऑक्सीजन की आवश्यकता अधिक होती है; ऐसे में स्वाभाविक तौर पर श्वॉस और भारी हो जाती है। भावातीत ध्यान की प्रक्रिया श्वॉस को और मंद कर देती है। अतः यदि हम भोजन के तत्काल बाद भावातीत ध्यान करना प्रारंभ कर दें, तो शरीर के अंदर खींचातानी प्रारंभ हो जाएगी, क्योंकि भोजन के उपरांत जहाँ श्वॉस भारी हो जाएगी, वहीं भावातीत ध्यान की प्रक्रिया श्वांस को मंद करने में लगेगी। यह स्वास्थ्य के लिए अच्छा नहीं होगा। अतएव भारी भोजन के तीन–चार घंटे से पहले भावातीत ध्यान नहीं करते। हाँ, जलपान के उपरांत भावातीत ध्यान किया जा सकता है, क्योंकि जलपान भारी भोजन नहीं होता; बात जलपान, दोपहर या रात्रि के भोजन की नहीं है। सिद्धांत यह है कि भारी भोजन के उपरांत भावातीत ध्यान का अभ्यास निषिद्ध है।

इसी प्रकार भावातीत ध्यान का अभ्यास करना तब भी ठीक नहीं होता, जब आपको तेज भूख लगी होती है। तेज भूख में भी मन थोड़ा शिथिल होता है। सामान्य, सहज और संयमित शारीरिकी ही भावातीत ध्यान के अभ्यास के लिए श्रेयस्कर है। अनेक बार सायंकाल का समय प्रवचन सुनने में लगने के कारण भी दिनचर्या अनियमित हो जाती है। तब तो और भी जब सत्संग देर रात तक चलता रहता है; सामान्य दिनचर्या ही ध्यान साधना के अनुकूल होती है। सायंकाल काम से लौटे, थोड़ा विश्राम किया और फिर भावातीत ध्यान का अभ्यास। तदंतर रात्रि का भोजन, पुनः थोड़ा विश्राम और अविलंब सोना, ताकि तड़के उठ सकें। ऐसा जीवन ही संयमित होता है और जब जीवन संयमित होता है, तो सायंकाल थके–मांदे लौटने पर भी भावातीत ध्यान करने के पूर्व आप विश्राम का थोड़ा समय निकाल लेते हैं। दिनभर के कामकाज के उपरांत यदि आप थका अनुभव करते हैं, तो सर्वोत्तम यह होता है कि घर आकर दस–पंद्रह मिनट तक लेटे रहें। अच्छे से विश्राम के उपरांत यही कोई आधे घंटे पश्चात् उठें और हाथ–मुंह धोकर भावातीत ध्यान करने बैठें। भावातीत ध्यान के बाद रात्रि का भोजन करना बड़ा गुणकारी है। प्रातःकाल जागने पर परखें कि शारीरिक रूप से कैसा लग रहा है। यदि आंखें खुली हैं और गाढ़ी नींद टूट गई है, तथापि इच्छा हो रही है कि 15 मिनट तक और लेटे रहें, तो उठने की जल्दी न करें; आधे घंटे तक भी लेटे रहें, तो भी कोई बात नहीं। यदि आपके पास मात्र आधा घंटा है और यह तय करना है कि सोएं या ध्यान करें, तो सोने को वरीयता दें। जिन लोगों को काम पर तड़के निकलना पड़ता है, वे प्रातः भावातीत

ध्यान न करें तो ही अच्छा; नींद पूरी किए बिना भावातीत ध्यान करने के लिए भोर में उठ जाना अच्छी बात नहीं। यदि आप तड़के उठना चाहते हैं, तो सोएं भी शीघ्र। बस एक बात ध्यान में रखनी है, तब ही उठें, जब शरीर कहे कि उठ जाओ, अन्यथा यदि आप ध्यान करने के लिए भोर में उठ भी गए, तो भावातीत ध्यान का पूरा लाभ नहीं मिलेगा। नींद पूरी हुए बिना किया गया भावातीत ध्यान आलस्य दूर कर सकता है, स्फूर्ति में थोड़ी–बहुत वृद्धि कर सकता है, किंतु विश्राम के अभाव के कारण आप दिन भर तरोताजा अनुभव नहीं करेंगे और मन भी अत्यंत प्रसन्न नहीं रहेगा। अतएव यदि भावातीत ध्यान एवं आधे घंटे की नींद में किसी एक का चुनाव करना हो, तो भावातीत ध्यान करने के स्थान पर सोना श्रेयस्कर है, ताकि आपको कम से कम विश्राम तो मिल ही जाए। ऐसे में केवल भावातीत ध्यान न करने का घाटा होगा। अन्यथा भावातीत ध्यान का पूरा लाभ तो मिलेगा नहीं और गाढ़ी नींद से भी हाथ धोना पड़ेगा, दोनों तरह से हानि ही हानि। इस दृष्टि से दिनचर्या संयमित करना सर्वोत्तम उपाय है, जिससे आपको थकानरहित शरीर एवं प्रफुल्ल मन के साथ भावातीत ध्यान करने का पर्याप्त समय मिले।

मन की खिन्नता से भावातीत ध्यान में बाधा नहीं पड़ती। बाधा शारीरिक थकान के कारण बोझिल मन से पड़ती है, क्योंकि ऐसे में मन मंत्र के सूक्ष्म स्तरों का अनुभव नहीं कर पाता। मन खिन्न हो, आप सोच रहे हों कि मन अच्छा नहीं है, तो ध्यान नहीं लगेगा। इसका कोई लाभ नहीं होगा। ऐसे में सारी बातें छोड़कर ध्यान में बैठें। हाँ, यदि शरीर थका हुआ है, तो सोकर विश्राम करें और उसके उपरांत ध्यान करें। यदि किसी समय आपको लगे

कि आपका मन अच्छा नहीं और ध्यान नहीं कर सकते, तो जैसा आपको बताया गया है, बस भोले भाव से मंत्र दोहराना प्रारंभ करें। संभव है पंद्रह या बीस मिनट के लिए खिन्नता की स्थिति बनी रहे, किंतु केवल आधे घंटे बैठें और आप पाएंगे कि अंत में आपको अत्यंत गहन विश्राम मिला और सारी उद्विग्नता दूर हो गई। बस बैठना है और यदि विचार भी आ रहे हैं, तो उसकी चिंता नहीं करनी है। भावातीत ध्यान पर मात्र बैठने से पंद्रह से बीस मिनट के भीतर पाएंगे कि सारी खिन्नता, उद्विग्नता लुप्त हो गई; किंतु यदि खिन्न रहे और भावातीत ध्यान का अभ्यास नहीं किया, तो चिंताएं बढ़ती जाएंगी और आपको पराभूत कर देंगी।

प्रश्न : क्या आपको लगता है कि भोजन मन पर प्रभाव डालता है और यदि ऐसा है, तो भोजन का भावातीत ध्यान पर कैसा प्रभाव पड़ता है ?

महर्षि : निश्चित ही इसका प्रभाव होता है; भोजन मन पर प्रभाव डालता है, वातावरण मन पर प्रभाव डालता है; हर बात मन पर प्रभाव डालती है। भोजन का मन से सीधा सरोकार है, मन पर उसका बड़ा प्रभाव पड़ता है, किंतु भावातीत ध्यान ऐसी शैली है कि इसे करने के लिए किसी विशेष प्रकार के भोजन अथवा परिवेश की आवश्यकता नहीं होती। भावातीत ध्यान मन के इस गुण पर आधारित है कि वह अधिकाधिक सुख की ओर जाता है। हम केवल अनुभव के प्रवाह को मोड़ते हैं। भावातीत ध्यान की युक्ति से मन की भीतर की यात्रा प्रारंभ होती है, मन अपने आप आगे बढ़ता है, क्योंकि भीतर बाहर से कहीं बड़े सुख का आगार विद्यमान है। इतना ही मन

को आकर्षित करने के लिए पर्याप्त है। जब बात ऐसी हो, तो इससे कोई अंतर नहीं पड़ता कि व्यक्ति कैसा है? जब वह भीतर जाने लगता है और बाहर आता है, तो अधिक सचेतन होकर बाहर आता है और जब वह अधिक सचेतन होकर बाहर आता है, तब वह अधिक विवेकशील होकर भोजन करता है, अधिक विवेक के साथ रहता है और जैसे–जैसे अंतर्मुख होने का चाव बढ़ता है, वैसे–वैसे बहिर्मुखी संवेदनाएं परिपक्व होती जाती हैं। इस तरह व्यक्ति हर प्रकार से श्रेष्ठतर होता जाता है।

प्रश्न : आपका अभिप्राय है कि उसे पता हो जाएगा कि वह क्या करे ?

महर्षि : हाँ, उसे पता हो जाएगा।

प्रश्न : आपका तात्पर्य है कि उसे पता हो जाएगा कि क्या अच्छा है और बुरा क्या है ?

महर्षि : हर व्यक्ति को पता होता है कि क्या अच्छा है और क्या बुरा है; इतना ही होता है कि हर कोई अच्छे को अपनाने और बुरे से अपने को दूर रखने में समर्थ नहीं होता। आंतरिक असंतोष के कारण प्रलोभन को रोक नहीं पाता; वे प्रलोभन के शिकार हो जाते हैं, किंतु जब आंतरिक सुख होता है, तो कितना भी प्रलोभन हो, व्यक्ति को पथभ्रष्ट नहीं कर पाता। जीवन में स्वाभाविक रूप से सब कुछ अच्छा–अच्छा होने लगता है और इस कारणवश बाह्य कारक व्यक्ति को प्रभावित नहीं करते। प्रातः एवं सायं बस कुछ मिनटों का भावातीत ध्यान, तत्पश्चात् जो चाहें करें, जो ठीक समझें करें।

प्रश्न : भावातीत ध्यान के विषय के बारे में कुछ बताइए, क्या हमें इसके लिए किसी मूर्त विचार अथवा मूर्त वस्तु का चिंतन करना होता है ?

महर्षि : कोई भी विचार स्वयं में भौतिक वस्तु ही है। विचार अमूर्त लगता है, किंतु वह है नहीं; वह पदार्थ की सूक्ष्म अवस्था है। कानों द्वारा सुनी हुई ध्वनि स्थूल पदार्थ है, यह अत्यंत सगुण है। ध्वनि का विचार सगुण पदार्थ का सूक्ष्म क्षेत्र है; अब इस विचार की भी अपनी अवस्थाएं होती है। भावातीत ध्यान विचार की सूक्ष्म अवस्थाओं का अनुभव करने की प्रक्रिया है, ताकि विचार की सूक्ष्मतर अवस्थाओं का तब तक अनुभव किया जा सके, जब तक विचार की सूक्ष्मतम अवस्था का अनुभव न हो जाए और अंततः उससे भी परे चले जाए। जब विचार की सूक्ष्मतम अवस्था भी परे हो जाती है, तब ध्याता आत्मप्रकाश की अवस्था में अकेला स्वयं रह जाता है। भावातीत ध्यान की शैली विचार की अवस्थाओं का अनुसंधान करती है।

भावातीत ध्यान में विचार के रूप में हम एक मंत्र लेते हैं, क्योंकि इसके स्पंदन सामान्य विचार के स्पंदनों की अपेक्षा कहीं अधिक लाभप्रद होते हैं।

प्रश्न : यदि कोई व्यक्ति अत्यंत अशांत है, मंत्र दोहराने के लिए भी एकाग्र नहीं हो सकता, ऐसी दशा में वह क्या कर सकता है।

महर्षि : भावातीत ध्यान एकाग्र होने के प्रयास से प्रारंभ नहीं होगा। यद्यपि सिद्धांत एक ही है, किंतु जिस प्रकार यह प्रारंभ होगा वह प्रक्रिया सर्वथा भिन्न है। इस प्रक्रिया में ध्यान स्थूल से सूक्ष्म, तत्पश्चात् भावातीत अवस्था में लाना होता है। कई बार ऐसा होता है कि व्यक्ति अपने

आसपास के परिवेश के प्रति सजग नहीं होता, उसकी आंखें खुली रहती हैं, किंतु अपने सामने का फूल भी दृष्टिगत नहीं होता, उसका मन कल्पना के स्थूल स्तर पर विचरण कर रहा होता है। ऐसे में हम उससे बात कर उसे अपने परिवेश के प्रति, शरीर के प्रति सजग करते हैं। कहने का आशय कि उसकी चेतना ऐंद्रिक स्तर पर आ जाती है, चीजों को देखने और अनुभव करने में समर्थ हो जाती है। यही वह स्तर है, जहाँ मन को मंत्र पर लगाकर भावातीत ध्यान प्रारंभ होता है। बाह्य ज्ञानेंद्रियों की सहायता के बिना मन का भावातीत अवस्था की ओर जाना ही भावातीत ध्यान का सिद्धांत है। वास्तव में भावातीत ध्यान उन्नत मनोविज्ञान है; आधुनिक मनोविज्ञान भी तब ही पूर्ण होगा, जब वह ध्यान के माध्यम से व्यक्ति के मन के स्रोत तक जाएगा।

प्रश्न : ऐसी वस्तुस्थिति में तो व्यक्ति को अपना मंत्र मानसिक स्तर पर लाने में लंबा समय लगेगा।

महर्षि : सामान्य स्थिति की अपेक्षा अधिक समय लगेगा, किंतु भावातीत अवस्था पर पहुँचना अविलंब और सरल होगा।

प्रश्न : फिर तो इस बात पर निर्भर करेगा कि व्यक्ति की मनःस्थिति कैसी है ?

महर्षि : और उस व्यक्ति पर भी, जो इस स्थिति का सामना कर रहा है। आवश्यक हो तो व्यक्ति को कोई बात हजार बार दोहराने के लिए बड़ा संतोष चाहिए, किंतु, यदि मात्र एक बात भी पकड़ में आ गई, तो आप उस तक पहुँचने में सफल हो गए।

प्रश्न : ऐसे व्यक्ति के विषय में क्या कहेंगे, जिसका मन अपने गंतव्य तक नितांत नहीं पहुँच पाता ? ऐसे व्यक्ति को क्या मृतप्राय कहेंगे, जिसका मन कहीं और रहता है?

महर्षि : ऐसे मृत को पुनर्जीवित किया जा सकता है। ऐसे लोग अपने काल्पनिक जगत् में रह रहे होते हैं और उन्हें दूसरी किसी वस्तु से सरोकार नहीं होता। यह इस बात पर निर्भर करता है कि आप उसमें कितनी रुचि लेते हैं और कितना समय लगाते हैं। मानसिक चिकित्सालयों में डॉक्टर रोगियों का बहुत कल्याण कर सकते हैं, यदि उनके पास रोगियों की सीमित संख्या तथा अधिक समय हो।

प्रश्न : इस कार्य में आसनों या व्यायामों से कोई सहायता मिल सकती है ?

महर्षि : योग के कुछ आसन शरीर को लचीला रखने में सहायक होते हैं। योगासनों का अभ्यास स्वास्थ्य के लिए हितकर होता है। उनके कारण भावातीत ध्यान और अधिक सरल हो जाता है। किंतु भावातीत ध्यान स्वभावतः शरीर का संरक्षण करता है। भावातीत ध्यान किसी आसन या व्यायाम पर निर्भर नहीं है। यदि शरीर अकड़ा हुआ है, तो भावातीत ध्यान उसे स्वमेव लचीला बना देगा।

प्रश्न : विश्व के महानतम् चिंतकों में से अनेक का स्वास्थ्य अशक्त एवं शरीर रुक्ष था।

महर्षि : उन्होंने अपने शरीर को सशक्त बनाने के लिए अपने मन का प्रयोग नहीं किया। यदि उन्होंने अपने शरीर पर ध्यान दिया होता, तो उनकी काया भी निखर गई होती। अन्यथा, स्वाभाविक रूप से यदि मन प्रसन्न है, तो शरीर भी स्वस्थ्य होना चाहिए।

प्रश्न : एक व्यक्ति ने भावातीत ध्यान सीखा। उसे सिर दर्द की शिकायत थी। हर दिन की भांति वह सामान्य सिर दर्द के साथ बिस्तर से उठा और उसने ध्यान करने का निश्चय किया। आधे घंटे तक ध्यान करने के उपरांत उसने अनुभव किया कि सिर दर्द दूर हो गया। क्या यह अपेक्षित था ?

महर्षि : हाँ, यदि भावातीत ध्यान गहरा होगा, तो सिर दर्द और सारे मानसिक तनाव छू–मंतर हो जाएंगे। इस विषय में कोई संशय नहीं होना चाहिए। भावातीत ध्यान तत्काल विश्राम देता है और सिर दर्द मिट जाता है। ऐसा भी दृष्टांत है कि अनेक वर्षों से माइग्रेन से पीड़ित व्यक्ति का सिरदर्द तीन–चार दिनों के भावातीत ध्यान के अभ्यास से ही चला गया। भावातीत ध्यान इस प्रकार के सिर दर्द या तनाव एक–दो दिन में न सही, दो–तीन सप्ताह में बड़ी सरलता के साथ जड़ से दूर कर देता है।

प्रश्न : मानसिक चिंताओं पर भावातीत ध्यान का क्या प्रभाव पड़ता है ? क्या इसके लिए थोड़ा अधिक या फिर कम ही प्रयास करने की आवश्यकता होती है ?

महर्षि : भावातीत ध्यान, ध्यान की सहज शैली है। इसमें जो भी नगण्य प्रयास निहित है, वह बस प्रारंभ करने में है। तदुपरांत प्रक्रिया तो स्वयं चलती रहती है। यह तो मन को अपने भीतर स्थित आनंद के स्रोत की ओर आकृष्ट कराने की सुखद यात्रा है। बाहरी संसार में दुःख है, अतएव मन के लिए यह स्वाभाविक होता है कि भीतर के अधिकाधिक सुख की ओर जाए। भावातीत ध्यान आरंभ करते ही व्यक्ति को सुखद अनुभूति होने लगती है; मन पर चिंताओं का दबाव कम होने लगता है; व्यक्ति उनसे ऊपर उठने में समर्थ हो जाता है। परंतु सारा दिन

आनंदमय और सफलता का स्वाद चखता रहे, इसके लिए प्रातः और सायं भावातीत ध्यान का नियमित अभ्यास अपरिहार्य है।

प्रश्न : क्या अधिक देर तक भावातीत ध्यान करना घातक हो सकता है ?

महर्षि : *'अति सर्वत्र वर्जयते'*; किसी भी बात की अति अच्छी नहीं होती। यदि हम नियत मात्रा में भोजन करते हैं, तो हम स्वस्थ और शक्तिशाली रहते हैं, किंतु यदि अधिक शक्तिशाली होने के लालच से अधिक भोजन करने लगें, तो यही बात हमारे प्रतिकूल चली जाएगी और हम रुग्ण तथा शक्तिहीन हो जाएंगे। प्रत्येक वस्तु सही अनुपात में होनी चाहिए। जैसे, शरीर को सर्दी से बचाने के लिए हम गर्म कपड़े पहनते हैं, किंतु कपड़ों के ऊपर कपड़े पहनते जाना बोझ एवं बाधा बन जाता है। जो आराम एवं आनंद था, वह क्लेश बन जाता है।

प्रश्न : भावातीत ध्यान सीखने से पहले मैं अति उतावला रहता था और भागा–भागा फिरता था, किंतु अब आराम से चलता हूँ। क्या मैं जीवन को सहजता से ले रहा हूँ?

महर्षि : यदि इससे जीवन संघर्षविहीन हो गया है, तो ऐसा कह सकते हैं, क्योंकि भागदौड़ से केवल तनाव उत्पन्न होता है। भावातीत ध्यान हमारे भीतर और हमारे परिवेश में व्याप्त तनाव से स्वाभाविक मुक्ति देता है।

प्रश्न : मैने यह भी अनुभव किया है कि यह भावातीत ध्यान मुझे क्षुद्र अहंकार से निकाल कर आनंद के क्षेत्र में पहुँचा देता है।

महर्षि : यह सच है। मन को प्रफुल्ल करने वाली चीज व्यक्ति को क्षुद्र अहंकार से बाहर ले जाएगी। फिर भावातीत ध्यान से मिलने वाली प्रफुल्लता का तो कोई हिसाब नहीं। साथ में ध्यान की यह शैली तनाव से मुक्त करती है, जिसके कारण आप केवल संगीत एवं कला में ही नहीं, अपितु प्रत्येक क्षेत्र में प्रफुल्लता का अनुभव करते हैं।

प्रश्न : हम सोचा करते हैं कि जो व्यक्ति अपने दुःख मदिरा में डुबा देता है वह सुखी है, क्योंकि वह सुखी प्रतीत होता है।

महर्षि : यह एक का दूसरे के बारे में आकलन मात्र है। वह सुखी दिख सकता है और ऐसा सोचा भी जा सकता है कि वह सुखी है, किंतु यह बात तो केवल वही जानता है कि वह दुःखी है तथा वह अपने दुःखों को छुपाकर उन्हें भूलने का प्रयास कर रहा है। समस्त दुःखों का कारण असंतोष है। भावातीत ध्यान से मन अतीव आनंद का अनुभव करता है, जिससे दुःख का मूल कारण असंतोष निर्मूल हो जाता है; केवल संतुष्ट मन ही सुखी हो सकता है।

प्रश्न : क्या भावातीत ध्यान से मोटापा संयमित हो सकता है ?

महर्षि : इसमें संशय नहीं कि भावातीत ध्यान शारीरिकी को संयमित करता है, किंतु अत्यंत मोटे व्यक्ति के बारे में यह कहना संभव नहीं है कि उसका भार सामान्य होने में कितना समय लगेगा अथवा उसका कितना भार कम हो सकेगा। यदि शरीर के अंग और उनकी क्रियाएं सुचारु रूप से काम नहीं कर रही हैं, तो भावातीत ध्यान उसे सामान्य बनाने में सहायक होता है। ऐसा अनेक बार देखने को मिला है।

प्रश्न : भावातीत ध्यान का धूम्रपान पर क्या प्रभाव पड़ता है ?

महर्षि : अनेक धूम्रपान करने वालों ने बताया है कि भावातीत ध्यान करने के दो या तीन दिन पश्चात् धूम्रपान करने की तलब इतनी तीव्र नहीं रही, जितना पहले रहती थी। इतना ही नहीं उन्होंने दिनभर में सिगरेट भी पहले से कम पी। धूम्रपान करने वाले कहते हैं कि इस लत को बलपूर्वक छोड़ना बहुत कठिन है। व्यक्ति धूम्रपान उसी समय करता है, जब अंदर से छटपटाहट उठती है। यदि अंदर से इच्छा नहीं है, तो व्यक्ति केवल इसलिए धूम्रपान नहीं करता कि कुछ नहीं कर रहे, तो चलो सिगरेट पीते हैं।

प्रश्न : क्या भावातीत ध्यान करने से कोई चित्रकार और अच्छा चित्रकार हो जाता है ?

महर्षि : हाँ अवश्य, उसकी इंद्रियगोचरता अत्यंत संवेदनशील हो जाती है। इसी प्रकार इंजीनियर, कवि, लेखक आदि अपने–अपने क्षेत्रों में अधिक कुशल हो जाते हैं। यहाँ तक कि माता भी अधिक वात्सल्यमयी बन जाती है।

प्रश्न : क्या भावातीत ध्यान से ईर्ष्या या इसी प्रकार की अन्य बुराइयों को पराभूत किया जा सकता है?

महर्षि : यह पराभूत करने की बात नहीं है; पराभूत बुराइयों के दमन करने में व्यक्ति के प्रयास का द्योतक है। बस इतनी सी बात है कि बुराइयाँ रहेंगी ही नहीं। यह ईर्ष्या, निर्दयता और इस जैसी जो भी तमोगुणी भावनाएं हैं, वह केवल व्यक्ति के आंतरिक असंतोष के कारण होती हैं। आंतरिक असंतोष आत्मिक सुख का साधन न मिलने के कारण होता है। व्यक्ति कुछ प्राप्त करना चाहता है,

किंतु उसे प्राप्त करने में असमर्थ होने के कारण असंतोष उत्पन्न होता है। किंतु जो व्यक्ति उसे प्राप्त करने में समर्थ है, वह संतुष्ट हो जाता है। जो व्यक्ति जितना अधिक संतुष्ट होगा, वह उतना ही कम निर्दयी होगा; निर्दयता एवं अवगुण आंतरिक असंतोष से उत्पन्न होते हैं। जितना अधिक असंतोष उतना ही अधिक पापाचार। भावातीत ध्यान मन को संतोष के क्षेत्र–नित्य आनंद की ओर ले जाता है।

प्रश्न : मान लीजिए किसी परिवार में छः सदस्य हैं और उनमें आपस में कलह होती रहती है, क्या भावातीत ध्यान से इस परिवार में सुख–शांति लौट आएगी ?

महर्षि : उनके घर में भावातीत ध्यान आरंभ तो होने दो। परिवार के आधे सदस्य, यहाँ तक कि एक सदस्य भी नियमित भावातीत ध्यान करने लगा, तो सुख–शांति के स्पंदन उत्पन्न होने लगेंगे और इनका दूसरों पर प्रभाव पड़ेगा। इस प्रभाव से जब दूसरा सदस्य भावातीत ध्यान करने लगेगा, तो वह तत्काल सतोगुण का पचास प्रतिशत प्रभाव उत्पन्न करने लगेगा। तत्काल प्रभाव इसलिए होता है, क्योंकि कलह का कारण यह नहीं होता कि दूसरा व्यक्ति गलती पर होता है, बल्कि एक सदस्य दूसरे की बात को उस भाव से नहीं ले पाता, जिस भाव से वह कह रहा होता है। वह कोई बात किसी भाव से कह रहा है और दूसरा है कि उसे नितांत उलटा समझ रहा है।

प्रश्न : क्या भावातीत ध्यान व्यक्ति की ईर्ष्या या इसी प्रकार की कुत्सित भावनाओं पर विजय प्राप्त करने में सहायक सिद्ध हो सकता है ?

महर्षि : समस्त अभिलाषाएं एवं इच्छाएं तेजी से पूर्ण होंगी और ऐसी वृत्तियां जन्म नहीं लेंगी।

प्रश्न : क्या भावातीत ध्यान व्यक्ति की भावनात्मक अस्थिरता (मूडीनेस) को संयमित करने में सहायक हो सकता है ?

महर्षि : भावातीत ध्यान हमें परिस्थितियों या मानसिक उद्वेगों से अविचलित रहने की सामर्थ्य प्रदान करता है। इसे करने से ऐसी चेतना का विकास होने लगता है, जिसमें मनोदशा ओढ़ने का कोई अवसर नहीं बचता। आप उससे ऊपर उठ जाते हैं; विकास की भूख जाग जाती है। आप जीवन की वास्तविकता के अनुभव में बढ़ने लगते हैं, तथा जैसे–जैसे यह अनुभव बढ़ता है, व्यक्ति के जीवन में एकत्व वृहत्तर भूमिका हो जाती है। जब तक जीवन में विविधता का बोलबाला रहेगा, तब तक मानसिक उद्वेगों के लिए स्थान बना रहेगा, क्योंकि विविधता के विभिन्न रूपों के अत्यंत पक्के और सुनिश्चित मानसिक उद्वेग होते हैं।

प्रश्न : क्या हम सुख और दुःख में से किसी का चुनाव करने में समर्थ हैं ?

महर्षि : निस्संदेह, यह आप पर है। यदि आप भावातीत ध्यान का विकल्प चुनते हैं, तो स्वाभाविक रूप से कोई दुःख नहीं होगा। तुरीयातीत चेतना की अवस्था में व्यक्ति पाप और पुण्य के प्रभाव से ऊपर उठ जाता है। यहाँ तक कि यदि आप दुःखी होना भी चाहें, वह भी आपके वश में नहीं रह जाता। ठीक वैसे ही जैसे जब किसी बीज को भून दिया जाता है, तो वह अंकुरित नहीं हो सकता।

प्रश्न : भावातीत ध्यान दुःखों का निवारण किस प्रकार करता है?

महर्षि : क्योंकि वह सुख की ओर ले जाता है। नितांत उसी प्रकार जैसे एक स्विच अंधकार का उपचार होता है, क्योंकि वह प्रकाश की ओर ले जाता है। स्विच को ऑन करते हैं और अंधकार विलीन हो जाता है। इस प्रकार दुःख को दूर करने के लिए कोई प्रयास करना आवश्यक नहीं होता। यहीं पर आधुनिक मनोविज्ञानी, भूल करते हैं। वे व्यक्ति का दुःख उघाड़ने में लग जाते हैं, जिसका कोई अंत नहीं होता। यह ऐसा ही है, जैसे कमरे से अंधकार को बाहर खींचने का, खदेड़ना का प्रयास करना, जिससे आप प्रकाश का आनंद ले सकें। यह तर्कपूर्ण तो लगता है, परंतु यह उपयुक्त मार्ग नहीं है। अंधकार को दूर करने के प्रयास के स्थान पर हम प्रकाश पर ध्यान केंद्रित करते हैं, सुख लाने पर लगते हैं। सुख को लाओ, दुःख स्वतः विदा हो जाएगा। एक ही प्रयास में हमें दो लक्ष्यों की प्राप्ति होती हैं। हम सुखी होना चाहते हैं और दुःखी नहीं होना चाहते। इस प्रकार दोनों पक्ष संतुलित हो जाते हैं। अन्यथा यदि हम दुःख के निदान और उपचार में सफल भी हो गए, तो भी दूसरा पक्ष सुख लाना शेष रह जाएगा। यही नहीं इन दोनों लक्ष्यों को सिद्ध करने के लिए कठोर परिश्रम भी करना पड़ेगा। किंतु, भावातीत ध्यान के साथ केवल एक उद्यम ही आवश्यक एवं पर्याप्त है; भावातीत ध्यान से एक झटके में सुख मिल जाता है; इसका दुःख को कोई महत्व देने से कोई सरोकार नहीं है।

प्रश्न : यह इतना सरल क्यों लगता है ?

महर्षि : क्योंकि यह सरल है। कोई कमरा भले पचास वर्षों से

अंधकार में डूबा चला आ रहा हो, किंतु बिजली का स्विच ऑन करते ही अंधकार चला जाता है। मनुष्य के लिए दुःख उठाना आवश्यक नहीं है। हम बरामदे की ठंड में केवल इसलिए ठिठुर रहे हैं, क्योंकि हम अंदर के कमरे की गरमाहट का आनंद नहीं ले रहे हैं। ठिठुरने का कोई कारण नहीं बनता; भीतर आओ तथा गर्माहट का सुख लो। बरामदा परिवर्तन के लिए उपयोगी है, किंतु यदि हम सारा समय बरामदे में ही बने रहते हैं, तब विविधता का प्रयोजन नष्ट हो जाता है; हम ठिठुरने लगते हैं और सुख–दुःख में बदल जाता है। संसार में समस्त विविधता और नाना प्रकार के अनुभव इसके लिए हैं कि जब चाहें जिसका सुख लें। बाहर आएं और बाह्य जगत के सभी रूपों का मजा लें, किंतु थोड़ी देर के लिए ही सही अपने भीतर के अंतःजगत् में भी जाएं। जीवन का पूर्ण आनंद लेना है, तो कुछ समय भीतर और कुछ समय बाहर – जीवन की एकता तथा जीवन की विविधता का साथ–साथ चलना आवश्यक है। इसलिए आवश्यकताओं के अनुसार हम कभी प्रकाश में होते हैं और कभी अंधेरे में। हमारे लिए अंधकार भी महत्वपूर्ण होता है, क्योंकि वह हमारी नींद में सहायक होता है; किंतु जब हम कार्य करना चाहते हैं, तब प्रकाश आवश्यक होता है। जब हम विविधता का आनंद लेना चाहते हैं, तब हम बाहर बरामदे में जाते हैं; जब हम एकता का आनंद लेना चाहते हैं, तब हम अपने भीतर जाते हैं।

प्रश्न : क्या हम विरोधाभासों से नहीं सीखते हैं ? सुख को समझने के लिए दुःख आवश्यक है?

महर्षि : मैं नहीं सोचता कि प्रकाश को समझने के लिए हमें

अंधकार की आवश्यकता है। यह ज्ञान का समुचित रूप नहीं है। हम प्रकाश का आनंद लेते हैं, अंधेरा आवश्यक नहीं है।

प्रश्न : क्या आप इस कहावत से सहमत हैं कि ऊंट सुई के छेद से निकल सकता है, किंतु धनी व्यक्ति ईश्वर के राज्य में आसानी से प्रवेश नहीं कर सकता ?

महर्षि : ऐसा आत्मनिर्भर धनी व्यक्ति जिसके पास इतनी संपदा है कि उसे और कमाने की इच्छा नहीं होती अधिक सुख की ओर प्रेरित नहीं होता। ऐसा व्यक्ति जिसके जीवन में अधिकाधिक सुख का उत्साह न बचा हो, उसके लिए यह कहावत ठीक है कि ऊंट तो सुई के छेद से निकल सकता है, किंतु वह स्वर्ग में प्रवेश नहीं कर सकता। व्यक्ति को प्रयत्न करना पड़ता है तथा प्रयत्न करते रहना चाहिए, किंतु यदि कहीं से मन में आत्मनिर्भरता की भावना घर कर गई, तो प्रयत्न में अवरोध आएगा ही।

प्रश्न : क्या इसका अर्थ यह लगाना चाहिए कि व्यक्ति की जीवनचर्या ऐसी हो जाए, जिसमें न तो वह भावना में बहे और न ही विचार करे, अपितु केवल अनुभव करे ?

महर्षि : नहीं, नहीं। यह संस्तुति तो केवल तब के लिए है, जब भावातीत ध्यान करते हैं। शेष समय हमें भावना, बुद्धि तथा अन्य सारी मानसिक वृत्तियों का वैसे ही प्रयोग करना है, जैसे सामान्यतया सभी करते हैं। जब हम कोई फूल देखते हैं, तो ऐसा नहीं करते कि अपने आपको रोके रखते हैं और उसे देखते हैं। हमें आधा बहिर्मुखी और आधा अंतर्मुखी नहीं होना है। न तो पूरी तरह बाहर और न ही पूरी तरह अंदर होने के कारण न तो हम

विविधता का वैभव और न ही एकता का आनंद उठा पाएंगे। हमे अधर में लटके नहीं रहना है, जो अत्यंत भयावह स्थिति होती है। यह तो अपनी इंद्रियगोचरता को भोथरा करने जैसा होगा, जिसमें हमारी बाह्य एवं आंतरिक, दोनों प्रकार की ऐंद्रिक क्षमताएं कुंद हो जाएंगी। संसार में ऐसे अनेक दर्शन हैं, जो अंतर्मुखी होने के साथ–साथ बाहरी जगारूकता बनाए रखने की शिक्षा देते हैं। यह कर्मेंद्रियों और ज्ञानेंद्रियों की क्षमता में ह्रास के रूप में फलीभूत होता है। वे अंतर्मुखता का अनुभव करते हैं, किंतु वे मानसिक स्तर पर छिछले तौर पर ही अंतर्मुखी होते हैं। उनकी अंतर्मुखता भावातीत अवस्था के स्तर की नहीं होती। इस प्रकार का अभ्यास अत्यंत अहितकर होता है। जो इसे सिखाते हैं, उन्हें पता नहीं होता कि इसके परिणाम कितने हानिकारक होते हैं। अभ्यास की युक्ति ऐसी होनी चाहिए कि जब हम बहिर्मुखी हों, तो पूर्णरूपेण बहिर्मुखी और जब अंतर्मुखी हों तो पूरी तरह अंतर्मुखी। केवल तब ही हम भावातीत चेतना तक पहुँचेंगे और उसकी महिमा का आनंद लेंगे। यह है भावातीत ध्यान। भीतर जाओ और आत्मरूप हो जाओ; बाहर आओ और संसार का आनंद लो। मनोदशाएं ओढ़ना मिथ्या जीवन शैली है।

प्रश्न : तब व्यक्ति के नियमित रूप से भावातीत ध्यान करने में अड़चन क्या है ?

महर्षि : इस समझ का अभाव कि भावातीत ध्यान का क्या प्रभाव और कितने लाभ मिल सकते हैं। एक दृष्टांत लेते हैं। किसी के पास एक दुकान है, जिससे वह प्रतिदिन 1000 मुद्राएं कमाता है। एक दिन कोई उसके पास आता है कि

उसके पास एक नई दुकान है, जिससे वह इससे कहीं बहुत अधिक लाभ कमा सकता है। अब यह उस व्यक्ति की समझ पर निर्भर करता है कि वह नई दुकान से होने वाले लाभ का मूल्यांकन कर नई दुकान खोलने के प्रस्ताव को स्वीकार करता है या नहीं। एक और दृष्टांत लेते हैं। एक व्यक्ति है जिसके पास इतना काम है कि उसे पूरा करने में उसे छः घंटे लगते हैं। भावातीत ध्यान करने के उपरांत यदि यही काम वह बिना थके चार घंटे में ही पूरा कर ले और यह बात उसके दिमाग में घर कर जाए, तो वह भावातीत ध्यान के अभ्यास में नियमित होना चाहेगा। भावातीत ध्यान के लिए किसी योजना बनाने की आवश्यकता नहीं पड़ती; कार्य के मध्य यदि कलम हाथ में लेकर यह सोचना प्रारंभ करेंगे कि अभी कितना काम शेष है, तो हो सकता है कि उसके परिणाम पर विचार करने के कारण वह आपको इतना लुभावना एवं चित्ताकर्षक लगे कि आप उसे बंद अथवा छोड़ने की इच्छा न करें। आप तो बस आंखें बंद करें और भावातीत ध्यान प्रारंभ। भावातीत ध्यान से ऊर्जा और स्फूर्ति में वृद्धि होती है और मन निर्मल होता है। काम में रस मिलता है, वह मात्र आदत नहीं रह जाता। भावातीत ध्यान करना अपरिहार्य है, विशेष रूप से उनके लिए जिनकी दिनचर्या अत्यंत व्यस्त है।

प्रश्न : जो लोग भावातीत ध्यान नहीं करते, बाह्य अनुभवों तक सीमित रहते हैं, तो क्या उन्हें किसी प्रकार की प्राप्ति नहीं होती ? भावातीत ध्यान को क्या विकास की द्रुत अथवा सहज प्रणाली कह सकते हैं ?

महर्षि : बहिर्मुखी चेतना में वे बाह्य जगत का ज्ञान प्राप्त करते

हैं। व्यक्ति बालक से युवा, तदुपरांत वृद्धावस्था की ओर अग्रसर होता है। जैसे–जैसे उसकी आयु बढ़ती है, वह नए–नए अनुभव प्राप्त करता है और चेतना की जाग्रत अवस्था के स्तर पर अधिक बुद्धिमान होता जाता है; किंतु जब चेतना के उच्चतर स्तरों के विकास की बात आती है, आंतरिक शुद्धता अथवा अपने भीतर आत्मानंद के अनुभव का संदर्भ आता है, उसके समक्ष इन समस्त सांसारिक अनुभवों का कोई अर्थ नहीं रह जाता।

प्रश्न : महर्षि जी, अब मैं आप से चेतना के उच्च स्तरों से पृथक् संसार के सामान्य स्तर पर कुछ प्रश्न करना चाहता हूँ। इस लौकिक जगत् में यदि हमारा सामना पाप या निर्दयता अथवा ऐसी ही किसी अनिष्ट वृत्ति से होता है, तो अपनी सामान्य क्षमता में हमारे पास उसका शमन करने का सर्वोत्तम् उपाय क्या है ?

महर्षि : भावातीत ध्यान हमें नगण्य क्षति पहुँचाए बिना उस पाप का सर्वाधिक प्रभावशाली ढंग से सामना करने में सक्षम बनाता है। जो उपाय अत्यंत सरल हो और जो दुष्प्रभाव से पूरी तरह से मुक्त न सही, न्यूनतम क्षति पहुँचाने वाला हो, उसे ही पाप का शमन करने का श्रेष्ठ उपाय कहा जा सकता है। यह केवल मन को प्रशिक्षित करने की बात है। जब हम किसी व्यक्ति को पानी पर भली–भांति तैरना सिखाते हैं, तो तैरने के कुछ पाठ पढ़ाने के साथ उसे गोता लगाने की भी शिक्षा देते हैं। जब उसे गहरे पानी में रुकने का अभ्यास हो जाता है, तब सतह पर तैरना भी सरल हो जाता है। इसी प्रकार भौतिक प्रकृति के विषयों का सामना करने में सफल होने के लिए हम मन को प्रशिक्षित या संयमित करते हैं। चेतना के स्थूल

स्तरों के विषयों का सामना करने की प्रभावी क्षमता तब ही विकसित होती है, जब हम मनोवृत्ति को मन के सागर के गहनतर स्तरों तक ले जाते हैं और जब मन निराकार परमसत्ता – भावातीत चेतना का सामना करने में समर्थ हो जाता है, तब स्थूल क्षेत्र के किसी भी विषय का सामना करना बच्चों का खेल हो जाता है। यही कारण है कि भावातीत ध्यान विविधता के क्षेत्र में किसी भी विषय का सामना करने में सक्षम बना देता है। मन का प्रकृति के स्थूल क्षेत्र में हर समय अनुरक्त होने की अपनी आदत के कारण इंद्रियगोचरता के स्तर पर सूक्ष्म स्वभाव के विषयों का सामना करना कठिन हो सकता है, किंतु जब वह परम भावातीत सत्ता के साथ रच–बस जाता है, तब वह सापेक्ष जगत के कितने ही सूक्ष्म विषय का सफलतापूर्वक सामना करने में सक्षम हो जाता है। सामना करना अत्यंत सहज है; बिना प्रयास के सामना कर लिया जाएगा और भावातीत सत्ता में प्रतिष्ठित होने के कारण मन पर प्रभाव भी अल्पतम् पड़ेगा। भावातीत ध्यान से लौकिक जगत् के विषयों का सामना करने की अदम्य क्षमता विकसित होती है। स्थूल जगत् में सामना करने के अभ्यास मात्र से विषयों का सामना करने की बहुत बड़ी क्षमता नहीं आ जाती।

प्रश्न : महर्षि जी आप कहते हैं कि यदि आपको यह जानना हो कि किसी व्यक्ति का मन कैसे कार्य करता है, तो उसके निकट होना होगा। किंतु कदाचित् ऐसा भी होता है कि आप लोगों के साथ रहते–रहते यह समझने लगते हैं कि उनका मन कैसे कार्य करता है और एक दिन अचानक आपको लगता है कि ऐसा नहीं है; ऐसे लोगों के साथ घनिष्ठता कैसे हो सकती है ?

महर्षि : भावातीत ध्यान के अभ्यास से सहिष्णुता विकसित होती है। आप दूसरे की त्रुटियों पर ध्यान नहीं देते। घनिष्ठता के लिए यह आवश्यक है कि आप दूसरे की त्रुटियों को सहन करने लगें। ठीक वैसे ही जैसे आप उन बालकों के अस्पष्ट उच्चारण को प्रोत्साहित करते हैं, जब वे बोलना प्रारंभ करते हैं। आप उनके तोतले उच्चारण में भी रस लेते हैं। तो यदि आप किसी से अत्यंत प्रेम करना चाहते हैं, तो आप उसके सद्गुणों की अपेक्षा उसके अवगुणों की प्रशंसा करें। जब आप अपकृत्यों में भी प्रसन्नता व्यक्त करते हैं, तो सौहार्द्रय प्रगाढ़ होता है और निकटता बढ़ती है। प्रेम अकारण होता है; वह किसी भेद को नहीं जानता। वह जैसा है, उसे वैसा स्वीकार करो। इस प्रकार का सौहार्द्रय और उदारता की गुण–ग्राहकता भावातीत ध्यान के अभ्यास के साथ बढ़ती है, क्योंकि भावातीत ध्यान से मन को संतोष मिलता है। जब मन में संतोष रहता है, तो किसी बात की चिंता नहीं रहती। किसी भी बात से झुंझलाहट नहीं होती। कोई भी बात प्रतिकूल प्रभाव नहीं डालती।

प्रश्न : किंतु, आप उन्हें संतुष्ट कैसे कर सकते हैं ?

महर्षि : उन्हें अपने संतोष का भान कराकर। और यदि उन्हें भावातीत ध्यान के अभ्यास में लगा दिया, तो वे संतुष्ट हो ही गए समझो।

प्रश्न : हाँ, किंतु करने से कहना सरल है।

महर्षि : ऐसी बात नहीं, यदि किसी को मन का संतोष चाहिए, तब वह भावातीत ध्यान करेगा ही। और यदि आप अपने क्रियाकलाप से किसी को संतुष्ट बनाना चाहते हैं, तो

सर्वोत्तम् बात यह होगी कि उसके साथ व्यवहार तथा संबंध में आपके अंदर का संतोष उसे दिखाई देने लगे। ऐसा करना आपके लिए अत्यंत सरल होगा।

प्रश्न : किंतु ऐसा भी हो सकता है कि किसी व्यक्ति को इस बात से क्षोभ हो कि जितने संतुष्ट आप हैं, उतना वह नहीं?

महर्षि : न, न। संतोष को अपने तक ही सीमित मत रखो। उसके प्रति अपने व्यवहार में इस संतोष को झलकने दो। यदि आप अपने में रहें और यह सोचें कि मैं संतुष्ट हूँ और मेरा उससे क्या सरोकार, तो उसे क्षोभ होगा। अच्छा होगा कि अपने संतोष में उसे भी सहभागी बनाओ। संतोष का प्रवाह उसकी ओर भी जाने दो। संतोष उसके प्रति प्रेम में विकसित होगा। सोचो कि मैं उसे संतुष्ट बनाने के लिए यही कर सकता हूँ। अपने संतोष को झलकने दो। इसके बात के लिए कि मेरे संतोष की झलक उस तक पहुँच सके, मुझे कुछ तो ऐसा करना पड़ेगा कि उसे लगे कि मैं संतुष्ट हूँ और यह संतोष व्यापक होकर उसके पास भी आ रहा है। अन्यथा, यदि मैं स्वयं में संतुष्ट हूँ और मेरा उससे कोई सरोकार नहीं है, तो केवल मेरे संतोष होने की बात से उसे ईर्ष्या और पीड़ा होगी। यदि कोई व्यक्ति दूसरे व्यक्ति को संतोष देना चाहता है, तो उसके अपने संतोष की झलक मुखरित होनी चाहिए। एक का संतोष दो को जोड़ने का साधन होना चाहिए, पृथक् करने का साधन नहीं।

प्रश्न : महर्षि जी, स्मरण शक्ति का स्रोत क्या है ? ऐसा क्यों है कि कुछ लोगों की स्मरण शक्ति अत्यंत तीक्ष्ण होती है, जिससे उन्हें अपने जीवन के अनेक अनुभवों का स्मरण रहता है, जबकि दूसरे लोग ऐसा नहीं कर पाते ?

महर्षि : जीवन में दोनों बातों का अपना महत्व है। स्मृति वर्तमान को अतीत से जोड़ती है। वर्तमान के साथ अतीत के कुछ संबंध अनिवार्य प्रतीत होते हैं। यदि आपको कल की बातें याद नहीं हैं, आज की देखो और बढ़ो, कोई अंतर नहीं पड़ता। किंतु, यदि आप सारा समय अतीत के स्मरण में ही लगे रहते हैं, स्मृतियों के हजारों वर्षों और हजारों लोगों के नये–नये अध्याय खोलते रहते हैं, तो इससे वर्तमान नष्ट होता है। अतएव वर्तमान एवं अतीत के मध्य का सेतु स्मृति लाभदायक एवं हानिकारक, दोनों हो सकता है।

प्रश्न : कुछ लोग पृथ्वीराज चौहान के मृत्यु की तिथि याद रख सकते हैं। वह उनके मस्तिष्क में स्कूल के दिनों से अब तक अंकित है, जबकि कुछ इस तिथि को भूल चुके हैं। क्या यह मानसिक दुर्बलता का लक्षण है ?

महर्षि : वे भाग्यशाली हैं, जो उसे भूल चुके हैं। उसे स्मृति में रखने का क्या लाभ है ? अतीत की अत्यधिक स्मृति वर्तमान को नष्ट करती है।

प्रश्न : मेरी अभिलाषा है कि मुझे आपके सारे व्याख्यानों का स्मरण रहे।

महर्षि : वे सारे मिलकर तो बोझ बन जाएंगे। सब व्याख्यानों में से यदि आप इतना ही स्मरण रख सके कि 'जीवन आनंद है' और भावातीत ध्यान से इसे अनुभव में ला सकें, तो दूसरा कुछ भी स्मरण रखने की आवश्यकता नहीं है।

प्रश्न : किंतु यदि कोई अभिनेता अपनी भूमिका ही याद न रख सके, तब वह कैसे सफल होगा?

महर्षि : भावातीत ध्यान के अभ्यास से इस प्रकार की स्मृति का संवर्धन होता है।

प्रश्न : आपने *एकदा* नौ वर्ष के भीतर विश्व में प्रत्येक व्यक्ति तक भावातीत ध्यान पहुँचने की संभावना व्यक्त की थी। किंतु भावातीत ध्यान का साम्यवादी चीन या उन देशों तक पहुँचना कैसे संभव है, जहाँ निरंकुश सरकारें हैं ?

महर्षि : सरकारें अपनी नीतियों में कभी भी एक जैसी नहीं होती हैं। राजनीति सतत् परिवर्तनशील होती है। भावातीत ध्यान जैसी ध्यान की शैली अभी उन तक नहीं पहुँची है, अन्यथा वे सबसे पहले वे ही उसे अपनाते, क्योंकि वे अपने लोगों को कर्मठ एवं उत्पादनशील बनाने के लिए सबसे अधिक आतुर हैं। भावातीत ध्यान से ऐसा होना सहज ही संभव है। भावातीत ध्यान व्यक्ति को कहीं अधिक कर्मठ, रचनाशील, प्रशांत और प्रफुल्ल बनाता है और कोई भी समझदार नेता अपने नागरिकों में ये गुण देखना चाहेगा।

प्रश्न : कठिनाई यह है कि वे उन्हें प्रशांत नहीं देखना चाहते, उनका ईश्वर के प्रति समर्पण नहीं चाहते।

महर्षि : ऐसी बात नहीं है, विश्व विवेकवान् होता जा रहा है।

प्रश्न : महर्षि जी साम्यवादी देश ही क्यों पश्चिमी जगत्, यहाँ तक कि भारत में भी बहुत से लोगों को भावातीत ध्यान में रुचि नहीं है।

महर्षि : रुचि इसलिए नहीं है, क्योंकि उन्हें भावातीत ध्यान के बारे में पता नहीं है। जानते ही अन्यमनस्कता समाप्त हो जाएगी।

प्रश्न : किंतु क्या होगा यदि वे कहें कि उन्हें इसके बारे में जानना ही नहीं है?

महर्षि : चिंता की बात नहीं, वातावरण उन्हें भावातीत ध्यान के बारे में जानने के लिए प्रेरित करेगा; इसके कारण जब दूसरे लोग कर्मठ, प्रशांत और रचनाशील होने लगेंगे, तब वे इसकी कब तक अनदेखी करेंगे? *(यह प्रश्न लंदन में पूछा गया था)*

प्रश्न : हाँ, किंतु साम्यवादी देशों के संबंध में मैं इतना आश्वस्त नहीं हूँ।

महर्षि : सर्वत्र एक जैसा होगा। आदमी कहीं का भी हो, किसी भी देश का हो, अधिक उन्नत होना चाहता है। शनैः–शनैः सरकारें भावातीत ध्यान का महत्व समझेंगी तथा उसे अपनी नीतियों में समाविष्ट करेंगी। शिक्षण संस्थान और मेडिकल कालेज इसे अपने शिक्षणक्रम का अनिवार्य अंग बनाएंगे और देश में कहीं मानसिक व्याधि नहीं रह जाएगी। संसार में वे सबसे सुखी लोग हैं, जो भावातीत ध्यान करने लगे हैं और इस समय दुनिया भर में हजारों लोग भावातीत ध्यान कर रहे हैं।

प्रश्न : क्या रूस के (जब सोवियत संघ में साम्यवादी व्यवस्था थी) लोग भी ?

महर्षि : यह किसी कौम या विचारधारा का प्रश्न नहीं है; इसका सरोकार तो मनुष्य मात्र से है। नियमित रुप से सुबह–शाम भावातीत ध्यान करें और प्रसन्न रहें। रूस में भी कभी भी भावातीत ध्यान का प्रशिक्षण प्रारंभ हो सकता है। इसका प्रचार–प्रसार करना कहीं भी कठिन नहीं है। हर क्षण उतना ही मनोरम है, जितना दूसरा क्षण।

प्रश्न : मुझे नहीं लगता कि साम्यवादी व्यवस्था वाले रूस में कभी ऐसे विचारों को अनुमति मिलेगी।

महर्षि : मैं चाहूँ तो किसी भी दिन किसी भी देश में भावातीत ध्यान का प्रशिक्षण प्रारंभ कर सकता हूँ। इसका कारण है कि भावातीत ध्यान प्रत्येक व्यक्ति की आवश्यकता की पूर्ति करता है। मुझे केवल व्यक्ति की आवश्यकता की शब्दावली में अपनी बात रखनी है। यदि मैं ही अनिच्छुक हूँ, तब और बात है। मैं किसी भी वातावरण को अपने अनुकूल बना सकता हूँ, किसी भी परिस्थिति से निपट सकता हूँ। यदि मेरा इस संदेश को वहाँ ले जाने का मन ही न हो रहा हो, तो दूसरी बात है।

प्रश्न : रूस के अधिकारी आपको वीजा नहीं देगें। आपको अपने देश में प्रवेश की अनुमति नहीं देंगे। आप इतने आश्वस्त कैसे हो सकते हैं ?

महर्षि : भावातीत ध्यान वैयक्तिक सत्ताओं से परे है। यह अपने परिणामों के कारण मान्य है। इसका आधार स्वयं की अपनी शक्ति है। इसे किसी के समर्थन अथवा संस्तुति की आवश्यकता नहीं है। मैं किसी की संस्तुति पर विश्वास नहीं करता। मुझे ऐसी किसी चीज की आवश्यकता नहीं है। यह एक स्वयं साक्ष्य वास्तविकता है, जिसका कोई भी अनुभव कर सकता है।

प्रश्न : जब कोई अनुभव होता है, तो मन विषय के साथ अपना तादात्म्य स्थापित कर लेता है तथा बंधन में हो जाता है। भावातीत ध्यान इस तादात्म्य से कैसे मुक्त कर सकता है?

महर्षि : बड़ा सारगर्भित प्रश्न है। भावातीत ध्यान इस तादात्म्य को कैसे कम करता है ? जब तक जीवन है, तब तक

शरीर एवं मन को विभिन्न परिस्थितियों के अधीन रहना है तथा मन पर उसकी असंख्य छाप पड़ना है। असंख्य परिस्थितियाँ होती हैं, जिनका शरीर को सामना करना होता है। ऐसे में जीवनपर्यन्त चेतना की ऐसी अवस्था में प्रतिष्ठित होना कैसे संभव है कि बाह्य परिस्थितियाँ, स्पंदन और आंतरिक संस्कार न मिलें और पुनः क्रिया उत्पन्न न करें। प्रश्न उठता है कि क्या भावातीत ध्यान से चेतना की ऐसी अवस्था का विकास संभव है?

अब थोड़ा बारीकी में जाते हैं। ये जो बाह्य स्पंदन हैं, स्पृहा (कामना) को उद्दीप्त करते हैं, मन स्थूल अनुभव के क्षेत्र में होता है; समस्त स्थूल अनुभव तत्काल मन के संस्कारों को बाहर लाते हैं और क्रिया होती है। मन अनुभव के स्थूल क्षेत्र से निवृत्त हो जाता है। मन यद्यपि जाग्रत होता है, तथापि अनुभव के इस क्षेत्र में इतना जाग्रत नहीं होता है, जो अनुभव के सूक्ष्म क्षेत्र में जाग्रत संस्कारों को दूर करने में समर्थ हो। यह ऐसे क्षेत्र में मन को जाग्रत होने के योग्य बनाने की प्रक्रिया है, जहाँ वह बाह्य परिस्थितियों को भीतर से किसी संस्कार को बाहर नहीं लाने देता।

अंततः मन पूर्णतया एक ऐसी अवस्था में जाग जाता है, जो बाह्य अनुभवों से वंचित है, और जब इस भावातीत अवस्था में बाह्य परिस्थितियों को मन पर छाप डालने का कोई अवसर नहीं बचता, तब मन मुक्ति की अवस्था में होता है, बंधन में नहीं। इससे पूर्व मन संस्कारों (आंतरिक छापों) तथा बाह्य परिस्थितियों के संयुक्त बंधन में था। अब क्योंकि उसने बाह्य अनुभव से स्वयं को पूर्णतया मुक्त कर लिया है, अतः वह पूर्ण मुक्ति की अवस्था में है। यह मन का स्वयं को परिस्थितियों तथा

आंतरिक अनुभवों के बंधन से मुक्त करने का प्रशिक्षण है; मन मुक्ति में रहने के लिए प्रशिक्षित हो गया है।

अब मन अपनी मूल अवस्था में आने के लिए स्वतंत्र है और इस अवस्था में यह पुनः कोई क्रिया करता है, क्योंकि प्रशिक्षण की प्रक्रिया की अवधि में मन उस क्षेत्र में रहा होता है, जिससे वह परिचित है। तदुपरांत यह अन्य पूर्ण मुक्ति के उस क्षेत्र में पहुँचता है, जिससे वह अनभिज्ञ है और पुनः वह बंधन के क्षेत्र पर लौटता है। पूर्ण मुक्ति की यह अवस्था मन की मौलिक भावातीत अवस्था है, जिससे वह अपनी जाग बनाए रखने की शक्ति प्राप्त करता है।

जब परिस्थितियाँ ऐसी होती हैं कि वे मन पर पड़ी छापों को भीतर से बाहर निकालती हैं। यह है मुक्ति। मन में मुक्ति की अवस्था का अधिकाधिक विकास हो रहा है। यद्यपि मन बाह्य विषयों का अनुभव कर रहा है, तथापि बाहर के स्पंदन इतने शक्तिशाली नहीं कि मन पर पड़ी छापों को भीतर से खींच लें। अनवरत अभ्यास से मन मुक्ति की अवस्था से अधिकाधिक भरता जाता है और उत्तरोत्तर उसमें ऐसी शक्ति का विकास हो जाता है कि वह आंतरिक छापों को आमंत्रित करने वाली बाह्य परिस्थितियों से प्रभावित नहीं होता। यहाँ तक कि जब बाह्य परिस्थितियाँ होती हैं, तब भी दोनों के मध्य मेल–मिलाप नहीं होने दिया जाता, क्योंकि मन अधिकाधिक मुक्ति की अवस्था में होता है।

भावातीत ध्यान इस प्रकार ऐसी स्थिति उत्पन्न करता है, जिसके कारण बाह्य परिस्थितियाँ मन में घर कर चुकी छापों या संस्कारों को बाहर निकालने में विफल रहती हैं।

बाह्य परिस्थितियों के लिए भीतर की ओर छाप डालने का कोई अवसर नहीं बचता, यद्यपि अनुभव तो होगा, किंतु मन पर पड़ने वाली छापें पानी की रेखा की भांति ही होंगी। मन अपनी नित्य मुक्ति की अवस्था में प्रतिष्ठित है, किंतु किसी भी बाह्य विषय को भीतर के गहन संस्कारों से संघर्ष का अवसर नहीं है। मन का बाह्य विषयों के साथ तादात्म्य विखंडित है।

प्रश्न : उन लोगों का क्या होगा, जो जीते–जीते मर जाते हैं, किंतु धरती पर शांति नहीं पाते ?

महर्षि : आप शांति प्राप्त करने के लिए किसी मकान में जाते हैं और यदि वहाँ शांति नहीं मिलती, तो उसे छोड़कर जहाँ आपको अच्छा लगे दूसरे मकान में जाते हैं। इसी प्रकार इस जीवन में यदि हमें शांति नहीं मिलती, तो इस क्षेत्र को त्याग कर दूसरा क्षेत्र चुनते हैं, जहाँ शांति का अनुभव करें। जब तक व्यक्ति शाश्वत शांति में स्थित नहीं हो जाता, यह खोज तब तक जारी रहेगी। हर कोई अपने वातावरण को तब तक बदलते रहेगा, जब तक उन्हें ऐसा स्थान न मिल जाए, जिसे वे कभी बदलना न चाहें। यह स्थान नित्य आनंद का वातावरण हो सकता है, जहाँ पूर्ण व्यवस्था है और जिसकी प्रकृति अलौकिक है। ऐसे स्थान में कोई भी व्यक्ति सारे समय रहना चाहेगा।

भावातीत ध्यान ऐसे वातावरण में पहुँचने का सीधा मार्ग है। शाश्वत शांति एवं आनंद की यह अवस्था केवल भावातीत ध्यान में मिलती है। 'अहम् ब्रह्मास्मि' और इस 'अस्मि' का अर्थ केवल मनुष्य की अस्मिता से नहीं, बल्कि सृष्टि में व्याप्त प्रत्येक वस्तु की मौलिक सत्ता से है, 'अहम्' से है, 'अस्मि' से है। ब्रह्म का क्षेत्र सृष्टि की

प्रत्येक वस्तु के भीतर और प्रत्येक मनुष्य के ह्रदय के अंतरतम् में हैं। वह जीवन का अपरिहार्य आधारभूत तत्व है। 'अहम्' अंतरतम् जीवन–सिद्धांत है। यह आत्मा की भावातीत अवस्था है।

आत्मा की भावातीत अवस्था में स्वयं को स्थापित करने के लिए किसी भी वस्तु की आवश्यकता नहीं है; पहले से ही प्रत्येक व्यक्ति स्वयं में स्थित है। 'अहम्' वहाँ है, अतएव प्रत्येक व्यक्ति पहले ही स्वयं में स्थित है;. केवल उसका ध्यान बहिर्मुखी है और आवश्यकता केवल इसे अंतर्मुखी करने की है। एक बार वृत्ति को अपने में भीतर लाए और उस शाश्वत शांति एवं आनंद में स्थित हो जाएं।

आपके समक्ष एक मेज है तथा एक गिलास है। यह अपने चयन पर है कि हम दोनों में से किसका अनुभव करते हैं; जब हम मेज अनुभव करना चाहते हैं, तब हम अपना ध्यान मेज पर केंद्रित करते हैं और जब हम गिलास अनुभव करना चाहते हैं, तब अपना ध्यान गिलास पर लगा देते हैं। इस प्रकार जीवन के आंतरिक एवं बाह्य, दोनों पक्ष यहीं हैं। व्यक्ति के अपने जीवन में उससे दूर कुछ नहीं है और कुछ भी ऐसा नहीं जो उसने खोया हो; व्यक्ति तब खोया हुआ प्रतीत होता है, जब वह दूसरे क्षेत्र में होता है।

एक दृष्टांत लेते हैं। एक घर है। इसमें कमरे की गर्माहट भी यहीं है तथा बरामदे की ठंड भी; दोनों ही घर के भाग हैं। जब हम बाहर होते हैं, तब हम कमरे की गर्माहट का सुख इसलिए नहीं ले पाते हैं, क्योंकि हम बरामदे की ठंड का सुख ले रहे होते हैं; जब हमें कमरे की गर्माहट का सुख लेना होता हैं, तो हमें केवल भीतर प्रवेश करना

होता है और तुरंत हम कमरे की गर्माहट का सुख लेने लगते हैं। इसी प्रकार यदि हम विविधता के सुखों को जीवन में उतारना चाहते हैं, तो हम इंद्रियगोचर लौकिक जगत में रहते हैं और यदि हम शाश्वत शांति एवं आनंद का रस लेना चाहते हैं, तो अपने ही भीतर गोता लगाते हैं।

जहाँ तक भीतरी सत्ता की बात है, तो उसकी शांति एवं सुख अधिक स्थिर है। उसकी प्रकृति में स्थायित्व है। इंद्रियगोचरता के क्षेत्र में ऐंद्रिक सुख क्षुद्र एवं क्षणिक होते हैं। भीतर के आनंद के सागर की तुलना में ये उसकी बूंदों से अधिक नहीं। सुख की बूंदों को चखकर मनुष्य की आनंद की प्यास नहीं बुझती। हर व्यक्ति जितना अधिक से अधिक मिल सके आनंद लेना चाहता है। विविधता के क्षेत्र में सदैव अधिक से अधिक सुख की इच्छा रहेगी और उसका तब तक कोई अंत नहीं होगा, जब तक हम सापेक्षता के क्षेत्र में सर्वोपरि सुख तक नहीं पहुँच जाते। सापेक्षता के क्षेत्र में यदि सर्वोपरि सुख भी मिल जाए, तो वह भी स्थाई नहीं होगा। हमारे सुख की प्यास स्थाई स्तर पर तब ही तृप्त होगी, जब हम सापेक्ष जगत के सर्वोपरि सुख को पार कर आनंद की परमावस्था में पहुँचेंगे। ऐसा इसलिए होगा क्योंकि परमानंद के परे किसी भी उच्चतर स्थिति का अनुभव नहीं होता।

परमानंद अपने स्वभाव में कोई परिवर्तन नहीं जानता, यह नित्य एक ही आनंद की अवस्था है तथा जब इसका अनुभव हो जाता है, तब सुख की प्यास सदा के लिए तृप्त हो जाती है। जब सुख की प्यास सदा के लिए तृप्त हो जाती है, तो सापेक्षता के क्षेत्र में अनुभव और अधिक गहन एवं परिपूर्ण हो जाते हैं।

अतएव केवल परमानंद का यह आंतरिक अनुभव प्राप्त करना आवश्यक है। इससे ही जीवन में पूर्णता आएगी और जीवन के समस्त पक्ष दीप्तिमान हो जाएंगे। परमानंद के अनुभव की युक्ति अत्यंत सरल एवं सुगम है, क्योंकि वह मन को अधिकाधिक सुख के क्षेत्र की ओर ले जाने वाली है। जिस प्रकार पानी स्वाभाविक रूप से ढाल से नीचे की ओर बहता है, पानी को ढाल से नीचे की ओर ले जाने के लिए प्रयत्न करने की आवश्यकता नहीं पड़ती, उसी प्रकार मन को अधिक सुख के क्षेत्र की ओर ले जाने का प्रयास करने की आवश्यकता नहीं पड़ती है।

इस तथ्य को इस दृष्टांत से समझते हैं। हम कोई मधुर संगीत सुन रहे हैं, किंतु यदि सुनते–सुनते किसी और स्रोत से उससे भी अधिक मधुर संगीत कहीं आ रहा हो, तो तुरंत ही मन उसकी ओर जाएगा; सिद्ध हुआ कि अधिकाधिक सुख की ओर जाना मन का स्वभाव है। यही कारण है कि मन का बाहर से भीतर की ओर जाना, जहाँ सुख का सागर है, अत्यंत सहज एवं सरल होता है। यह समझने के लिए किसी गहन तत्वमीमांसा की आवश्यकता नहीं है कि भीतर की ओर ब्रह्म का राज्य है, वहीं बाहर की ओर दुःख का राज्य प्रतीत होता है; मन बाहर के दुःख के राज्य से अंदर के ब्रह्म के राज्य की ओर स्वाभाविक रूप से जाएगा, क्योंकि वह सतत् अधिक से अधिक सुख की खोज में लगा रहता है।

हम बाह्य क्षेत्र को भीतर के नित्य आनंद की तुलना में दुःख का राज्य कहते हैं। विविधता के बाह्य जगत् के भोग को दुःख क्यों कहते हैं, इस बात को इस दृष्टांत से समझते हैं। दस हजार रुपये प्रतिदिन कमाने की योग्यता वाला व्यापारी यदि केवल दो हजार रुपये ही कमाएगा,

तो वह इस कमी को आठ हजार रुपये की हानि ही समझेगा। निपुण व्यापारी दो हजार की कमाई को लाभ के रूप में नहीं देख सकता। अतएव यदि हमारे पास अपरिवर्तनशील, अजस्र और नित्य आनंद लेने का अवसर हो, इस पर भी हम ऐसे क्षणभंगुर भोगों में रस लेने लगें, जो पाँच मिनट के लिए भी संतुष्ट न करते हों, तो ऐसे सुख को दुःख ही कहेंगे। अन्यथा संसार दुःखों का डेरा नहीं है, संसार में किसी प्रकार का दुःख नहीं है; यहाँ पर प्रत्येक वस्तु उपभोग के लिए है और जिसका भी हम सुख लेना चाहते हैं, वे सारी की सारी वस्तुएं सृष्टि में विद्यमान हैं। संसार में सुख की परिपूर्णता है, किंतु संसार के भोग–विलास वास्तविक सुख की बूंदें मात्र हैं। इस कारण से ही मन चंचल रहता है, इधर–उधर भटकता रहता है।

हमें किसी भी प्रकार से मनुष्य के दुःख भोगने का कारण दिखाई नहीं पड़ता। मनुष्य दुःख क्यों भोगे, जब संसार में पांचों इंद्रियों से भोगी जा सकने वाली हर वस्तु विद्यमान है। पांच प्रकार के ऐसे यंत्र विद्यमान हैं, जिनसे मनुष्य संसार के विविध सुखों का भोग कर सकता है। यदि मनुष्य में समस्त ज्ञानेंद्रियाँ पूर्णतया विकसित हों, तो वह उनके माध्यम से अधिक से अधिक सुख ले सकता है। किन्तु जब बैंक के साथ संबंध टूट जाता है, चेक बुक खो जाती है, तब करोड़पति को एक–एक दमड़ी के लाले पड़ जाते हैं और वह दिवालिया घोषित कर दिया जाता है। अतएव आवश्यक है कि संबंध कायम रहे। चेक बुक सदा जेब में रहे, तब ही संपूर्ण बैंक जेब में है। यदि सुख की बाहरी बूंदों का रस लेते समय हमारा सागर के साथ संबंध कायम है, तब प्रत्येक बूंद में

सागर की शक्ति होगी, अन्यथा अपने स्रोत से कटी किसी भी बूंद का महत्व नहीं। अपने स्रोत से पृथक बूंदें थोड़ी सी गर्मी में ही भाप बनकर उड़ जाएंगी; वे स्वयं स्वाहा हो जाएंगी, किंतु यदि यही बूंदें सागर से जुड़ी होती हैं, तो अतिशक्तिशाली हो जाती हैं। बाह्य संसार के विभिन्न विषयों का अनुभव वैसे ही है, जैसे हम सुख की ऐसी बिखरी बूंदों को चख रहे हैं, जो शीघ्र ही उड़ जाने वाली हैं।

भावातीत ध्यान ऐसी प्रक्रिया है, जो लौकिक जगत् की सुख की बूंदों का भीतर के सुख के सागर के साथ संबंध कायम रखती है। सार यह है कि भावातीत ध्यान के माध्यम से बूंदों को सागर से जोड़ो और प्रत्येक बूंद को सागर का शक्तिशाली स्तर प्राप्त करने दो।

मंत्र

प्रश्न : महर्षि जी, मंत्र की विशिष्ट शक्ति क्या है, वह किसी अन्य ध्वनि से प्रभावी क्यों है ?

महर्षि : प्रत्येक ध्वनि के विशेष स्पंदन होते हैं। स्पंदन की प्रकृति पर ध्वनि का प्रभाव निर्भर करता है। स्पंदन की प्रकृति इस पर निर्भर करती है कि हमें उन्हें किस प्रकार प्रवाहित करते हैं। हम ध्वनि के अर्थ के अभ्यस्त हैं, किंतु ध्वनि के भौतिक प्रभाव का क्या अर्थ है ? जो स्पंदन प्रवाहित हो रहे हैं, उनका प्रत्येक वस्तु पर कुछ न कुछ भौतिक प्रभाव होता है। जब हम मुंह से कोई ध्वनि निकालते हैं, तब उसके स्पंदन फूल से, तने से यहाँ तक कि सृष्टि में प्रत्येक वस्तु से टकराते हैं, तब वे कोई न कोई प्रभाव उत्पन्न करते हैं, जो उसके लिए हानिकर या लाभदायक

हो सकता है। उसका क्या प्रभाव होगा सामान्य मानव मन इससे अवगत नहीं होता। कौन से स्पंदन फूल के जीवन के लिए हानिकर हैं और कौन से लाभदायक, कोई नहीं जानता। मंत्र बस वही विशिष्ट स्पंदन हैं, जिनका प्रभाव हम परंपरा से जानते हैं। हम परंपरा से जानते हैं कि यह ध्वनि जब इस प्रकार उत्पन्न की जाएगी, तो उसका परिणाम यह होगा। यह तो बस यांत्रिक बात है।

प्रश्न : और विचार के साथ भी तो वही स्थिति होती है, ध्वनि उत्पन्न नहीं की जाती। केवल उसका चिंतन किया जाता है।

महर्षि : विचारों के स्पंदन होते हैं। इसलिए जब स्पंदन हैं, तो उसका प्रभाव होगा। विचारों के स्पंदन अधिक शक्तिशाली और प्रभावी होते हैं।

प्रश्न : जब आप किसी ध्वनि की बात कहते हैं, तो उसका अर्थ यही निकलता है, जब उसका उच्चारण होता है, तो वह हमें सुनाई पड़ता है। ऐसा भी हो सकता है कि ध्वनि का उच्चारण तो हो किंतु वह सुनाई न पड़े। यदि किसी व्यक्ति की श्रवण शक्ति ही न हो, तो वह उस ध्वनि को भी कैसे सुन सकता है, जो उसके मुंह से निकल रही है ? ऐसा करना बहुत कठिन बात है। सामान्यतया ऐसा होता है कि जब कोई व्यक्ति बोलता है, तो उसे वह ध्वनि सुनाई नहीं पड़ती, जो वह बोलता है।

महर्षि : सूक्ष्म अवस्था में, सुनना बोलने के साथ समाविष्ट होता है। किंतु, यदि हम अंतर करना चाहें, तो यह भी कह सकते हैं कि मन कह रहा है, किंतु कान नहीं सुन रहे हैं। हम बार–बार फूल कहें और मन ही मन फूल शब्द

का उच्चारण करें, तो कान नहीं सुनेंगे, किंतु, चूंकि मन में स्पंदन उत्पन्न हुए हैं, अतः तरंगें उत्पन्न होंगी। इसी प्रकार विचार चलता है। प्रत्येक विचार की अपनी वैसी ही विशिष्ट तरंग होती है, जैसे हर वाणी की होती है। वाणी और कुछ नहीं, अपितु सूक्ष्म विचार की मुखर अभिव्यक्ति है। उत्तरोत्तर कर्म, विचार एवं वाणी की और अधिक स्थूल अभिव्यक्ति है।

अथ, जब भी कोई बात सोची जाती है, स्पंदन उत्पन्न होते ही हैं और इनका लाभदायक या हानिकारक कुछ न कुछ प्रभाव होता है। प्रभाव लाभदायक या हानिकारक है, इसका निश्चय विचार में निहित अभिप्राय या विचार की प्रकृति से होता है। विचार का अभिप्राय और प्रकृति, दोनों मिलकर तय करते हैं कि प्रभाव कैसा होगा। बच्चे को प्यार में चपत लगाने और क्रोध में चांटा मारने की क्रिया वही है। किंतु एक स्थिति में जहाँ प्रभाव पोषक होगा, वहीं दूसरी में घातक। एक ही क्रिया के अभिप्राय की भिन्नता के कारण परिणाम भी भिन्न हो जाता है।

कहने का आशय अभिप्राय का उस प्रभाव से कुछ न कुछ सरोकार होता है, जिससे वे स्पंदन उत्पन्न होते हैं; प्रभाव स्पंदनों की भौतिक प्रकृति के कारण ही होता प्रतीत नहीं होता, अपितु उसमें सहज प्रेरित करने वाली शक्ति अभिप्राय की भी भूमिका होती है।

प्रश्न : क्या मंत्र का अर्थ जान लेने से भावातीत ध्यान प्रभावित होता है ?

महर्षि : यदि भावातीत ध्यान की प्रक्रिया ठीक से नहीं जमी है, तब मंत्र का अर्थ मन को विमुख कर सकता है और हानिकारक सिद्ध हो सकता है, किंतु, यदि मन प्रक्रिया

पर दृढ़ हो गया है और प्रक्रिया दोषरहित है, तब अर्थ जानने से भी मन प्रक्रिया से विमुख नहीं होगा। इस कारण से प्रारंभ में मंत्र का अर्थ नहीं बताया जाता।

प्रश्न : किंतु संयोगवश यदि कोई अर्थ जान ले, तो क्या उसे अर्थ भूलने का प्रयास करना चाहिए ?

महर्षि : जीवन में किसी बात को भूलने का प्रयास न करें। उसे जहाँ का तहाँ रहने दें और उस विषय में सोचें नहीं। अधिक जानना हानि नहीं करेगा, किंतु यदि जानकारी भावातीत ध्यान के समय *अधिभावी* हो जाती है, तब इतना ही करना है कि उसे भूलने या याद करने का प्रयास नहीं करना है। बस शब्द पर रहो, इसी से सब कुछ ठीक हो जाएगा।

प्रश्न : क्या साधक सदैव एक ही मंत्र का प्रयोग करता रहता है?

महर्षि : सदैव वही मंत्र, क्योंकि उसमें विकास को उसकी पराकाष्ठा तक उन्नत करने की क्षमता होती है।

प्रश्न : क्या कोई व्यक्ति विकास के उस शिखर तक पहुँच जाता है, जहाँ मंत्र की आवश्यकता नहीं रह जाती ?

महर्षि : जब हम तुरीयातीत चेतना में प्रतिष्ठित हो जाते हैं, तब भावातीत ध्यान की कोई आवश्यकता नहीं रह जाती है। *एकदा* जब आप सबसे ऊंची मंजिल पर पहुँच जाते हैं, तब सीढ़ियों की आवश्यकता नहीं रह जाती।

प्रश्न : मंत्र अपनी गति क्यों बदलता है और धीरे–धीरे लुप्त क्यों हो जाता है ?

महर्षि : दुःख से दूर भागना और आनंद प्राप्त करना उसके लिए स्वाभाविक है, अत्यंत स्वाभाविक।

प्रश्न : किंतु वह क्या है, जो दूर भाग रहा है, क्या वह मंत्र है, जो दूर भाग रहा है ?

महर्षि : जो दूर भाग रहा है, वह मंत्र नहीं, अपितु मन है। मन मंत्र को छोड़कर आनंद की ओर जाना चाहता है। मन स्वाभाविक रूप से अधिकाधिक सुख और अंततोगत्वा परमानंद का रस लेना चाहता है; अतएव वह आनंद की ओर, भावातीत अवस्था की ओर दौड़ता है। किसी प्यासे व्यक्ति के लिए स्वाभाविक है कि यदि निकट कहीं जल की विशाल राशि है, तो वह ओस की बूंदों का त्याग कर दे। सांसारिक सुख की बूंदें मन को तृप्त नहीं करती हैं, यही कारण है कि मन भटकता रहता है। आनंद का सागर जब उसे अपने भीतर ही मिल जाता है, तो वह स्वाभाविक रूप से उसकी ओर दौड़ता है। जीवन में अधिकाधिक आनंद लेना स्वाभाविक वृत्ति है, प्रत्येक व्यक्ति की स्वाभाविक इच्छा है।

प्रश्न : महर्षि जी ऐसा क्यों है कि मन को अंतर्मुखी करने वाले भावातीत ध्यान का आधार ध्वनि है, न कि कोई रंग ?

महर्षि : ऐसी भी युक्तियाँ हैं, जो रंग के आधार पर काम करती हैं; ये युक्तियाँ पग–पग पर रंग की आभा बढ़ाती जाती हैं और मन उनकी ओर तब तक खिंचा चला जाता है, जब तक कि दैवी आभा के दर्शन नहीं हो जाते। ठीक वैसे ही जैसे ध्वनि को उसकी सूक्ष्मतर अवस्थाओं तक ले जाने की युक्तियाँ हैं और जैसे–जैसे सूक्ष्मतर अवस्थाएं आती हैं, आकर्षण प्रगाढ़ होता जाता है तथा मन स्वाभाविक

रूप से खिंचा चला जाता है। कहने का आशय यह है कि भावातीत ध्यान में किसी भी माध्यम का प्रयोग किया जा सकता है।

प्रश्न : महर्षि जी तब आपने भावातीत ध्यान के लिए ध्वनि की अतींद्रिय क्यों चुना, दृष्टि या स्पर्श की अतींद्रिय को क्यों नहीं ?

महर्षि : प्रायः जब कोई स्पंदन होता है, तब ही हमारा ध्यान उस ओर जाता है। कुछ लोग ऐसे होते हैं, दृष्टि के माध्यम का सहजता से प्रयोग करते हैं। परंतु सामान्यतया स्पंदनों के माध्यम से भावातीत होना अधिक सरल है, क्योंकि एक स्पंदन सरलता से दूसरे का अनुकरण कर लेता है। स्पंदन कहीं अधिक प्रवाहमान होते हैं तथा जो माध्यम अधिक प्रवाहमान होता है, उसे सूक्ष्म अवस्थाओं में अवधारण करना स्थिर माध्यम की तुलना में सरल होता है।

प्रश्न : क्या ऐसा इसलिए, क्योंकि मंत्र में समय तत्व का समावेश होता है ? मंत्र की लय में समय निहित है, जबकि जैसा कि आपने कहा कि दृश्य वस्तुएं सगुणता का अपेक्षाकृत स्थिर रूप हैं।

महर्षि : एक बार भावातीत ध्यान प्रारंभ हो जाए, फिर माध्यम स्थिर नहीं रह सकता। प्रारंभ होने के उपरांत माध्यम जड़ता से चैतन्यता की ओर तब तक बढ़ता जाता है, जब तक जड़ता पूर्णतया विलीन नहीं हो जाती।

प्रश्न : महर्षि जी, क्या अनुभव की सूक्ष्मतर अवस्थाओं का जागरण विकासात्मक प्रक्रिया का भाग है ? हम इसे ऐतिहासिक विकास कह सकते हैं अथवा नहीं ?

महर्षि : आप इसे इस अर्थ में ऐतिहासिक कह सकते हैं, क्योंकि इसमें समय का तत्व सन्निहित है। इतिहास स्थूल का अनुभव कराता है, न कि सूक्ष्म अवस्था का। इतिहास की वर्तमान परिभाषा यह है कि जो घटनाओं को समय की सारिणी में लिपिबद्ध करे वह इतिहास है। भावातीत ध्यान की प्रक्रिया में तब तक की सूक्ष्म अवस्थाओं के सुखद अनुभव को इतिहास की श्रेणी में रख सकते हैं, जब तक भावातीत नहीं होते, किंतु जैसे ही साधक कालजयी परम भावातीत सत्ता में पहुँचा तब कालानुक्रम भंग हो जाएगा। अतएव तुरीयातीत चेतना के विकास की संपूर्ण प्रक्रिया को तो इतिहास नहीं कहा जा सकता, क्योंकि भावातीत अवस्था में उसका कालानुक्रम लुप्त हो जाता है।

प्रश्न : क्या मानव मन की क्षमता के विकास का आशय विकासोन्मुख प्रगति से है ?

महर्षि : हाँ, हाँ, सोलह आने यही बात है।

प्रश्न : क्या मंत्र को गोपनीय रखना चाहिए ?

महर्षि : जहाँ तक गोपनीयता की बात है, तो अवश्य उसे गोपनीय ही रखा जाना चाहिए, क्योंकि परिस्थितयों के अनुसार और अपने भीतर की बहुत सी बातों के चलते प्रत्येक व्यक्ति अपने में अलग होता है। दो व्यक्तियों के मंत्र भिन्न अथवा एक भी हो सकते हैं। आध्यात्मिकता के क्षेत्र में तथा केवल आध्यात्मिक क्षेत्र में ही नहीं, अपितु भौतिक जीवन के क्षेत्र में भी, जहाँ पर भी विकास का सिद्धान्त विद्यमान है, गोपनीयता सफलता का सूत्र है।

हम किसी उन्नत बीज को मिट्टी में बोते हैं, उसे सींचते हैं, खाद देते हैं तथा बाहर से उसका पूरा ध्यान रखते

हैं। बीज को बाहर निकालकर नहीं देखते कि उसका अंकुरण और पल्लवन प्रारंभ हुआ है। यदि हम ऐसा करेंगे, तो उसके अंकुरण की शक्ति नष्ट हो जायेगी और वह उगेगा नहीं। मंत्र को जीवनपर्यन्त गोपनीय होना चाहिए। मंत्र को गोपनीय रखना अत्यंत महत्वपूर्ण है, क्योंकि मंत्र समान हो सकता है, वही शब्द आप किसी पुस्तक से लें, उसे अपना लें और उसका उच्चारण करने लगें, तो आपको अनुभव होगा कि उस पर टिकना कठिन है, क्योंकि वह बस एक शब्द भर है। मंत्र साधारण शब्द नहीं, अपितु अत्यंत शक्तिशाली शब्द होता है। जब गुरु उसका उच्चारण करते हैं, तो उसे सजगता से सीधे उस स्तर से लाया जाता है, जो सृष्टि की मूलावस्था है, परम भावातीत सत्ता है। मंत्र के रूप में शब्द जब सजगता से लाया जाता है, तब उसमें बड़ी शक्ति आ जाती है। प्रभौतिक विज्ञान भी इस तथ्य की पुष्टि करता है कि जब हम सृष्टि के सूक्ष्मतर स्तर पर जाते हैं, तो शक्ति बढ़ती है और विशाल हो जाती है। उदाहरण के लिए यदि हम अपने सामने लगे इस माइक को किसी व्यक्ति पर फेंकें, तो केवल उसे चोट लगेगी, परंतु यदि हम इस माइक के एक अणु को भी उद्वेलित कर दें, तो वह संपूर्ण परिवेश का विध्वंस कर देगा। यह दर्शाता है कि सृष्टि के सूक्ष्मतर क्षेत्र अत्यंत बलशाली होते हैं। इसी प्रकार जब कोई ध्वनि या शब्द सृजनशीलता के क्षेत्र से, सृष्टि के मूल स्रोत से लाया जाता है, तो वह अत्यंत शक्तिशाली शब्द के रूप में प्रकट होता है और मंत्र के रूप में ऐसा शब्द जब गुरु अपने शिष्य को देता है, तब वह उर्वरा भूमि में बोए गए अत्यंत उन्नत किस्म के बीज जैसा होता है।

कई बार ऐसा होता है जब लोग पूछते हैं कि आपका मंत्र

क्या है ? इनमें से कोई बता भी देता है कि मेरा मंत्र दो शब्द वाला है, और तुम्हारा, तुम्हारा लगता है चार शब्दों वाला है। इससे क्या होता है, दोनों संशयग्रस्त हो जाते हैं कि अरे ऐसा क्यों है कि मेरा दो शब्द का है और इसका चार अक्षर का। चार अक्षर वाला सोचेगा कि इसका मंत्र भिन्न है और दो शब्दों वाला सोचेगा कि उसका आधा है। कहीं ऐसा तो नहीं कि उसकी शक्ति आधी हो। दोनों संशय में पड़ जाएंगे और अकारण अपनी शक्तियां गंवाने लगेंगे। ऐसा करने से मंत्र में निहित संचरण शक्ति का ह्रास होने लगता है और यदि इस विषय पर बारंबार बात की गई, तो मंत्र में निहित सारी ऊर्जा क्षार–क्षार हो जाती है और मंत्र निस्तेज होकर शब्द मात्र रह जाता है।

कोई भी समझदार व्यक्ति अपने खजाने के बारे में बताता नहीं घूमता और जो ऐसा करता है, उसका समाज में अधिक सम्मान नहीं होता, क्योंकि सबको उसकी हैसियत मालूम हो जाती है। "अरे वह तो बस पचास लाख का आसामी है"। और यदि वह अपने खजाने को गुप्त रखता है, तब लोग कहते हैं "बड़ा छुपारुस्तम है। उसकी हैसियत दो करोड़ से कम न होगी।''

वैयक्तिक विकास के लिए आवश्यक है कि अपनी पूंजी सदैव गोपनीय रखी जाए। घर का कोषागार सदैव अंदर से अंदर वाली कोठरी में, अधिकतर भूमिगत और सामान्य दृष्टि एवं सामान्य पहुँच के बाहर होता है। इतना तक होता है, जहाँ घर का कोषागार होता है, वहाँ जाने के रास्ते में अंधेरा रहता है और हम जब वहाँ किसी काम से जाते हैं, तब ही बत्ती जलाते हैं। कहने का आशय खजाने को गोपनीय स्थान में रखने के मामले में कितनी गंभीरता बरती जाती है। और मंत्र, मंत्र तो भगवान का पावन नाम

है, जिसे हमें अपने जीवन के अमोल रत्न के रूप में हृदय में संजोए रखना है। भगवान तो केवल हृदय में ही वास करते हैं। उन्हें वहीं रहने दो। हमें उनकी कृपा मिले और संसार पर उनकी कृपावर्षा से जीवन समृद्धिशाली हो, किंतु हमें मंत्र रूप में मिले उनके पावन नाम का ढिंढोरा नहीं पीटना है। सत्संग के लिए, भजन–कीर्तन के लिए भगवान के अन्य नाम भी हैं। कम से कम भगवान का एक नाम हृदय में संजोए रखें, ताकि भगवान जानें कि भक्त मेरा कम से कम एक नाम तो अमूल्य रत्न की तरह सुरक्षित रख रहा है।

प्रश्न : क्या भगवान के नाम का जप श्रेयस्कर नहीं है, अथवा बैखरी के स्तर पर होने के कारण यह प्रभावी नहीं होता?

महर्षि : ऐसा करना अश्रेयस तो नहीं है, किंतु भगवान के कुछ नाम ऐसे हैं, जो विशिष्ट परिस्थितियों में कुछ लोगों के लिए हानिप्रद होते हैं। उदाहरणार्थ गृहस्थ और विरक्त का, संसारी और वैरागी का जीवन भिन्न होता है। भगवान के कुछ नाम ऐसे हैं, जो सांसारिकता के राग–मोह, हानि–लाभ से परे शांत–प्रशांत नित्य अपनी भावातीत सत्ता में प्रतिष्ठित विरक्तों के लिए उपयुक्त हैं। भगवान के ऐसे नाम ऐसे गृहस्थों के लिए उपयुक्त नहीं हैं, जिनका जीवन सांसारिक क्रियाकलापों, प्रेम–अनुराग और विभिन्न संपदाओं के संचय में अनुरक्त होता है।

किसी का प्रश्न हो सकता है कि क्या भगवान का नाम विनाशकारी हो सकता है ? भगवान निर्दयी तो नहीं हैं। भगवान तो दयालु एवं कृपालु हैं। हम यह बात दो आश्रमों, दो जीवन पद्धतियों के संदर्भ में कर रहे हैं। भगवान का एक नाम है, जो अनासक्त व्यक्ति के जीवन के लिए तो

उपयुक्त है, किंतु भौतिक क्षेत्र में विनाशकारी है। क्योंकि वह कृपालु है, अतः उसका एक नाम है जो संहारक का है, वहीं दूसरा पालक का। यह उसके कृपालु स्वभाव और उसकी समदर्शिता के कारण है; भगवान पूर्णतया कृपालु हैं। उस परमपिता ने संसार में दो प्रवृत्तियों की सन्तानों की रचना की। कुछ सन्तानें जो एकांत एवं शांति का आनंद लेती हैं और दूसरी वे, जो सांसारिक सुख–सुविधाओं के परिग्रह और मित्रों तथा सगे संबंधियों के प्रेम तथा अनुराग का रसास्वादन करती हैं। भगवान की दो प्रकार की संतानें हैं और अपनी कृपालुता के चलते उन्हें अपनी दोनों प्रवृत्ति की संतानों की आवश्यकताएं पूरी करनी होती हैं।

अतएव भगवान के कुछ नाम ऐसे हैं, जो एक प्रवृत्ति की सन्तानों और कुछ ऐसे हैं, जो दूसरी प्रवृत्तियों की सन्तानों को संतुष्ट करती हैं। यह भगवान की दयालुता के कारण है कि हमें उनके नामों के दो भिन्न प्रभाव प्राप्त होते हैं। भौतिक क्षेत्र में एक प्रभाव संहारक तथा दूसरा पालक होता है। यह उनके स्वभाव की असीम अनुकंपा है, अपनी संतानों के प्रति अक्षुण्ण प्रेम है और वह अपना प्रेम अपनी एक प्रवृत्ति की ही संतानों के लिए ही नहीं, अपितु अपनी दूसरी प्रवृत्ति की संतानों में भी बांटना चाहते हैं।

कुछ मंत्र ऐसे हैं, जो जीवन के हर क्षेत्र की सुख–समृद्धि, प्रेम–अनुराग और नाना प्रकार के परिग्रहों के लिए उपयोगी हैं तथा कुछ मंत्र ऐसे हैं, जो लोगों को इन सांसारिक भोगों से अनासक्त कराकर संन्यास के मार्ग पर प्रतिष्ठित करते हैं और उन्हें परमानंद में प्रफुल्ल रखते हैं। वह मनुष्य समुदाय जिसमें विरक्ति की प्रवृत्ति अंतर्निहित होती है और अज्ञानवश यदि उसके लिए निर्दिष्ट मंत्र

सांसारिक व्यक्ति लेना प्रारंभ कर दे, तो वह दुःख भोगना प्रारंभ कर देता है, क्योंकि उस नाम का प्रभाव तो वैराग्य एवं सन्यास लाना होगा। भले ही भगवान का नाम वैसा ही है।

प्रश्न : क्या बालक भी मंत्र लेने का पात्र है ?

महर्षि : बालकों के लिए कुछ मंत्र हैं, जिनसे उनकी मानसिक क्षमताओं का विकास होता है, उनकी स्मरण और तर्कशक्ति में वृद्धि होती है। ऐसे छोटे बच्चों के लिए भी मंत्र हैं, जो बोलने लगते हैं और ऐसे छः या सात वर्ष के बच्चों के लिए भी हैं, जब वे दौड़भाग करने लगते हैं। हम उन्हें बैठकर ध्यान करने के लिए नहीं कहते, अपितु खेलो–कूदो और मस्त रहो। ऐसे बच्चों की बुद्धि का विकास बड़ी सरलता से होता है।

मन

प्रश्न : मन का शरीर के साथ क्या संबंध है ?

महर्षि : मन हमारे व्यक्तित्व का आंतरिक पक्ष है तथा शरीर बाह्य, नितांत उसी प्रकार जैसे वृक्ष की रचना में जड़ आंतरिक पक्ष है तथा वृक्ष बाह्य पक्ष है। मूल की दशा ही सदैव वृक्ष को नियंत्रित करती है। इसी प्रकार से मन संपूर्ण शरीर को नियंत्रित करता है और मन एवं शरीर के मध्य बड़ा घनिष्ठ तालमेल होता है। मन शुद्ध भावातीत अव्यक्त चेतना का सूक्ष्म रूप है, जबकि शरीर इसी चेतना का स्थूल रूप है।

प्रश्न : क्या मन के विश्राम से शरीर को भी विश्राम मिलता है ?

महर्षि : मन पहले आता है। जब हम बर्फ का विचार करते हैं, तब पानी ही सबसे पहले आता है; पानी से बर्फ बनती है। इसी प्रकार मन ही शरीर का निर्माण करता है। दोनों का एक ही तत्व से विकास होता है, किंतु शरीर मन की अपेक्षा स्थूल अभिव्यक्ति है। वह मन का केवल स्थूल रूप है, मन की स्थूल अभिव्यक्ति है। दोनों को पृथक् नहीं किया जा सकता। मृत्यु के समय ही वे पृथक् होते हैं।

प्रश्न : जब समय–समय पर जीवात्मा को शरीर छोड़ना पड़ता है, तब क्या मन भी शरीर छोड़कर जीवात्मा के साथ यात्रा करता है या वह शरीर के साथ रहता है ?

महर्षि : इस स्थिति में मन शरीर को छोड़ता तो है, किंतु पूरी तरह से नहीं। मान लीजिए हम किसी मकान में रहते हैं और दरवाजे में ताला लगाकर कहीं बाहर जाते हैं; हम बाहर तो चले जाते हैं, किंतु मकान से हमारा संबंध पूर्णतया विच्छेदित नहीं होता; संबंध बना रहता है। मृत्यु के समय शरीर छूटने पर ही संबंध विच्छेद होता है। भावातीत होने के समय मन पूरी तरह भावातीत सत्ता में जाता तो है, किंतु पूर्णतया शरीर से बाहर नहीं। संबंध बना रहता है और उस संबंध, उस आकर्षण के बल पर ही मन शरीर में वापस आ जाता है।

प्रश्न : क्या सूक्ष्म शरीर स्वयं को भौतिक जगत् में प्रकट कर सकता है ?

महर्षि : यह नितांत संभव है, क्योंकि शास्त्र कहता है कि उस अवधि में जीवात्मा वायु का शरीर गृहण कर लेता है; उसका शरीर वायु का होता है, भौतिक पदार्थ का नहीं। यदि वह ओजस्वी जीवात्मा है एवं उसमें प्रखर सादृश्यता

है और यदि व्यक्ति का मन इस प्रकार के किसी अनुभव का प्रेरक है, तब उसे इस दिशा में कुछ अनुभव हो सकता है।

प्रश्न : क्या मन के माध्यम से काल्पनिक अनुभव किया जाता है ?

महर्षि : हाँ, मन के द्वारा ही, क्योंकि यह मन ही तो है, जो अनुभव करता है।

प्रश्न : क्या मन शरीर के अधीन है ?

महर्षि : नहीं, शरीर मन के अधीन है और मन आत्मा के अधीन है। आत्मा समष्टि मन है, सार्वभौमिक सत्ता है। व्यक्ति का मन इस सत्ता के बालक के समान है और स्थूल शरीर इस मन के बालक के समान है। वह स्थूल सृष्टि का सूक्ष्म क्षेत्र है, जिसे वैयक्तिक मन भावातीत आत्मा, चेतना की भावातीत अवस्था का अनुभव करने की योग्यता प्राप्त करने का अनुभव लेने के लिए सीख रहा है। उस अवस्था में वैयक्तिक मन व्यक्ति का नहीं रह जाता। परिष्कार से यह मन समस्त सृष्टि की मूल उस सत्ता का साक्षित्व और अनुभव करके जीवन में उतारने योग्य हो जाता है, जो सर्वव्यापी है और जिस अद्वैत सत्ता में प्रतिष्ठित होकर एकता एवं विविधता, दोनों क्षेत्रों में पूर्णता के साथ जिया जा सकता है।

प्रश्न : सुसंस्कृत अवस्था में हर व्यक्ति का मन सार्वभौमिक मन होता है ? क्या हम उससे प्रेरणा प्राप्त करते हैं ?

महर्षि : तब संपूर्ण जीवन एक प्रेरणा हो जाता है। इतना ही करना होता है कि उसे सीखा कैसे जाए ? सीखने और अभ्यास के उपरांत जब व्यक्ति का मन सार्वभौमिक मन

की अवस्था प्राप्त कर लेता है, तब सब कुछ सुगम हो जाता है। एक बार जब पक्की नींव पड़ जाती है, तब कितनी ही ऊंची अट्टालिका का निर्माण करना हो वह बिना किसी आशंका के खड़ी की जा सकती है।

प्रश्न : महर्षि जी, हम सब में एक चीज होती है, जिसे अंतर्आत्मा कहते हैं। अपराध करने के उपरांत हमें मनःपीड़ा होती है। क्या अंतर्आत्मा ऐसा संस्कार है, जो हम शिक्षा द्वारा अथवा माता–पिता तथा शिक्षकों द्वारा पालन–पोषण के माध्यम से प्राप्त करते हैं ?

महर्षि : यह इस बात पर निर्भर करता है कि मन कितना विकसित है। यदि किसी का विकसित मन है, तो हम कह सकते हैं कि वह भगवान की देन है। और यदि किसी का अविकसित मन है, तो वह शिक्षा के माध्यम से उचित और अनुचित का विवेक प्राप्त कर सकता है। यदि प्रत्येक मन विकसित हो जाए, तब समस्त विचार एवं कर्म यथोचित होंगे। यदि किसी का मन अविकसित है, तब उसे शिक्षित करना पड़ता है। यह प्रक्रिया तब तक चलती रहती है, जब तक मन इतना विकसित नहीं हो जाता कि स्वयं को जान सके।

स्वतंत्र इच्छा

प्रश्न : मैं जानना चाहता हूँ कि हम कैसे जान सकते हैं कि हमारी इच्छा स्वाधीन है ?

महर्षि : मनुष्य में इच्छा सदैव स्वाधीन रहती है। यह बात हम अपने अनुभव के आधार पर जानते हैं। हम चाहें तो बिस्तर में बारह बजे तक पड़े रहें और चाहें तो छः बजे उठ जाएं, जैसा हमारा मन करे।

प्रश्न : आप कैसे कह सकते हैं कि वह कोई दूसरी शक्ति नहीं, जो आपको नियंत्रित कर रही है और आप वही कर रहे हैं, जो आप करना चाहते हैं ?

महर्षि : ठीक है यदि हम यह भी मान लें कि हम जो भी करते हैं, वह किसी अन्य शक्ति की सहायता से करते हैं, तब भी वह शक्ति हमें सुलभ तो है, हमारे अस्तित्व का अभिन्न अंग तो है। वह हमसे पृथक् नहीं है, क्योंकि हम जो भी कार्य करते हैं, हम देखते हैं कि वह शक्ति हमारे वश में है। हम फूल का आनंद लेना चाहते हैं और वह शक्ति हमारी आंखों को देखने में सक्षम कर रही है। कहने का आशय यह है कि यदि हम यह भी मान लें कि यह किसी शक्ति से हो रहा है, तो वह हमारे बुलाने पर हर समय उपस्थित है।

प्रश्न : और यदि हम उस शक्ति में विश्वास नहीं करते तो ?

महर्षि : यदि हम नहीं मानते कि ऐसी कोई शक्ति है, तब हम कहते हैं "हाँ–हाँ जो कुछ भी करते हैं, स्वेच्छा से करते हैं"। यदि हम अपने स्वयं के संदर्भ में सोचते हैं, तो कोई हानि नहीं है। तब शक्ति का प्रश्न नहीं रह जाता ? तब घूम–फिर कर हम इस मार्ग पर आ जाते हैं कि मैं बाह्य–जगत् की किसी बात से संतुष्ट नहीं हूँ और चलो देखें कि अपने भीतर यह जो "मैं" की सत्ता है, आत्मसत्ता है, उसका स्वभाव क्या है; अंतर्मुखी हो जाओ। ऐसा करने पर "मैं" की प्रकृति इतनी विराट और तेजोमय मिलेगी और वही हमारी संसिद्धि होगी।

प्रश्न : क्या आपका अर्थ है कि इच्छा की स्वाधीनता केवल ध्यान के माध्यम से ही संभव है ?

महर्षि : स्वाधीनता का, मुक्ति का केवल एक ही मार्ग है, भावातीत ध्यान करो और भावातीत हो जाओ।

प्रश्न : व्यक्ति अपने कर्म के लिए कृतसंकल्प होता है अथवा अनिर्णीत, मेरा तात्पर्य है कि वह अपने कर्म के लिए स्वतंत्र है अथवा उसे कहीं से कर्म की प्रेरणा मिलती है ? वह कौन सी सत्ता है, जो यह निर्णय करती है कि वह किस ओर जा रहा है ?

महर्षि : वह स्वयं निर्णय करता है कि वह कहाँ जा रहा है।

प्रश्न : किंतु क्या उसे इसके लिए कहीं से प्रेरणा मिलती है ?

महर्षि : निर्णय करने में उसे कहीं से मार्गदर्शन मिल सकता है, वह अनेक बातों से प्रभावित हो सकता है, किंतु अंततोगत्वा अपने निर्णय के लिए स्वयं उत्तरदायी होता है। हो सकता है उसके ऊपर अनेक बातों का प्रभाव पड़ रहा हो, किंतु यह निर्णय वह स्वयं करता है कि कहाँ जाना है। उन सारे प्रभावों के विपरीत जो उसके कर्म को किसी विशेष दिशा में ले जाने का प्रयास करते हैं, वह उसके ठीक विपरीत दिशा में जाने का निर्णय कर सकता है। कहने का आशय है कि अंततः वह जिस दिशा की ओर अग्रसर होता है, वह उसका अपना निर्णय होता है। भूत या भविष्य के प्रभावों की अपेक्षा यह अधिक महत्वपूर्ण है कि उसका निर्णय कितना प्रभावशाली है।

प्रश्न : सही निर्णय कैसे किया जाए यह बात सदा चिंतित करने वाली होती है। मैं मानता हूँ, कि निर्णय की गुणवत्ता महत्वपूर्ण होती है, किंतु प्रश्न यह है कि सही निर्णय कैसे किया जाए?

महर्षि : भावातीत ध्यान द्वारा, भावातीत ध्यान के अभ्यास से बुद्धि इतनी कुशाग्र हो जाती है कि संबद्ध विषय के विभिन्न पक्षों का अवलोकन करने में सक्षम हो जाती है; जब किसी विषय के विभिन्न पक्षों का अवलोकन हो जाता है, तब उचित दिशा में निर्णय करना सरल हो जाता है। भावातीत ध्यान सम्यक निर्णय करने में सक्षम बनाता है।

गुरु

प्रश्न : यदि कोई व्यक्ति एक गुरु से दूसरे गुरु की शरण में चला जाए, तो इसका परिणाम क्या होगा ?

महर्षि : परिणाम आत्मसाक्षात्कार होगा और परिणाम वह होगा, जिसके लिए भक्त बने थे। गुरु के प्रति निष्ठा आत्मसाक्षात्कार के लिए उत्पन्न हुई थी और यदि वही नहीं हो रहा है, तो निष्ठा अनुपयुक्त स्थान के साथ प्रतिबद्ध है। हम हीरे की चाह में पत्थर को पूजते रहें और यदि हीरा न मिले, तब उसका क्या लाभ है ? हीरे की खोज में हमें अनेक ऐसे पत्थरों को उलट–पलटकर देखना होता है, जो बाहर से हीरे की चमक तो देते हैं, परंतु अंदर से वे वास्तविक हीरा नहीं होते। अतएव हम प्रत्येक पत्थर में श्रद्धा रखकर यह देखते हैं कि उसमें हीरे का प्रभाव है या नहीं।

गुरु के प्रति सारी श्रद्धा, डॉक्टर के प्रति श्रद्धा के सदृश होनी चाहिए। हम किसी डॉक्टर को बुलाते हैं और जैसा वह कहता है, वैसा करते हैं और ऐसा करने के लिए या केवल डाक्टर की बात मानने के लिए नहीं, बल्कि उपचार हो जाने के प्रयोजन से करते हैं। यदि सुधार होता है, तो अपनी श्रद्धा बनाए रखते हैं; किंतु यदि कोई सुधार न

हो, तो ऐसी श्रद्धा से क्या लाभ ? तथापि यदि डॉक्टर हमसे उपचार जारी रखने के लिए अनुरोध करता है, तो हम कुछ दिनों तक उपचार कराते रहते हैं। किंतु उसकी भी एक सीमा होती है। हम उससे कहते हैं कि स्वास्थ्य में कुछ सुधार तो दिखाइए और यदि वह कोई लाभ नहीं पहुँचा पाता, तो हम दूसरे डॉक्टर के पास जाते हैं।

हमारी निष्ठा के योग्य गुरु वह होता है, जो हमारा पथ प्रदर्शन करने, मार्ग बताने और हमें जीवन की वास्तविकता के साक्षात्कार की ओर अग्रसर करने में समर्थ हो। एक बात जो हम देखते हैं वह यह है कि जीवन की वास्तविकता सर्वव्यापी है। गुरु अपने विद्यार्थी को इस वास्तविकता का प्रत्यक्ष अनुभव कराने में समर्थ होना चाहिए। यह कोई अनंतकालिक मार्ग नहीं होना चाहिए। आजकल क्या होता है कि विमान के कारखाने में एक विशेष प्रारूप के विमान बनाने की योजना बनती है, परंतु इसके पूर्व कि उस प्रारूप का विमान बनकर तैयार हो, उससे उत्कृष्ट विमान का प्रारूप आ जाता है और पहली योजना को त्याग दिया जाता है; इसी का परिणाम होता है कि द्रुत गति से उड़ने वाले विमान बनने लगते हैं और धीमी गति से उड़ने वाले विमानों का निर्माण रोक दिया जाता है। इसी प्रकार यह चलता रहता है।

संसार में कुछ पुण्य आत्माएं होती हैं, शुद्ध अंतःकरण और निर्मल मन वाली भोली–भाली आत्माएं होती हैं। वे गुरु के प्रति समर्पित हो जाती हैं और गुरुजी जो भी कहते हैं, उसका इस निष्ठा और विश्वास के साथ अनुसरण करती हैं कि वह उनके कल्याण का मार्ग प्रशस्त करेंगे। यह अत्यंत कोमल हृदय एवं निर्मल मन का लक्षण है, किंतु आजकल सद्गुरु मिलना अत्यंत दुर्गम है और आज के

संसार का जैसा स्वरूप है, उसमें सद्‌गुरु के गुण मिलना अत्यंत दुर्लभ है। अतएव हमें यत्किंचित् जितना हो सके श्रेष्ठ साधन का चुनाव करना है और अपने लक्ष्य की ओर बढ़ना है।

आज जिस प्रकार का विश्व है, उसमें हमें अत्यंत सजग रहने की आवश्यकता है। हमें जहाँ भी अच्छा साधन मिले उस पर आरूढ़ हों और अपने लक्ष्य तक पहुँचने का प्रयास करें। गुरु केवल पथ प्रदर्शक होते हैं। जब हम लक्ष्य पर पहुँच जाते हैं, तब सब कुछ पीछे छूट जाता है। अतः सबसे महत्वपूर्ण बात यह है कि उस दैवी सत्ता में हमारी स्थिति कहाँ है। हमें वहाँ तक पहुँचना है, चाहे हम जहाँ से पहुँचें, हमें हर कीमत पर उसे प्राप्त करना है। रोटी यदि इस दुकान से नहीं, तो कहीं और से सही, बस वह हानिकर न हो और हमारी क्षुधा शांत कर दे। हम गुरु के प्रति अगाध श्रद्धा के समर्थक हैं, किंतु यदि कोई विद्यार्थी कहे – "इन गुरुजी ने मेरा कितना अधिक ध्यान रखा, यह कितने भले हैं, मैं इन्हें छोड़कर ऊँची कक्षा में कैसे जा सकता हूँ" ? तब यह स्वीकार्य तर्क नहीं होगा। इससे हमारी उन्नति में बाधा आएगी। हम अनेक गुरुओं के पास अध्ययन करते हैं। बस इस बात पर अडिग रहें। सर्वाधिक महत्व की बात लक्ष्य है। यह स्तर वह स्तर, यह भोजन वह भोजन, यह देवता वह देवता, सब बातें निरर्थक हैं। महत्वपूर्ण है, तो हमारा आत्मसाक्षात्कार। आज हमारा जन्म अमेरिका में हुआ है, कल भारत में होगा, तीसरे दिन अफ्रीका में और चौथे दिन आस्ट्रेलिया में। यह सब देश–काल, सभ्यता–संस्कृति, भाषा–भाग्य और धर्म व गुरु की जितनी भी बातें हैं, वे सब निरर्थक हैं। सार्थक बात केवल आत्मसाक्षात्कार है। जिस किसी

भी माध्यम से हम आत्मसाक्षात्कार कर सकें, हमें करना चाहिए। यह विशेष वेशभूषा अथवा वह विशेष भाषा, देश या विश्वास अथवा धर्म – ये सब केवल तब तक ही सार्थक हैं, यदि वे हमें आत्मसाक्षात्कार कराने में सहायक सिद्ध हों, यदि नहीं, तो सब व्यर्थ है। चाहे जो हो, किसी का कोई उपयोग नहीं और आत्मसाक्षात्कार के लिए कुछ भी आवश्यक नहीं है। बस भोले भाव से सामान्य दिनचर्या में ही भावातीत ध्यान का सुबह–शाम नियमित अभ्यास करना है। यहाँ–वहाँ भटकने की आवश्यकता नहीं है।

प्रश्न : भावातीत ध्यान की प्रणाली में क्या इस बात का वास्तव में महत्व है कि विद्यार्थी की अपनी शिक्षक के प्रति श्रद्धा है या नहीं ?

महर्षि : जब तक विद्यार्थी अभ्यास करता है, शिक्षक का आदर करना या न करना महत्वपूर्ण नहीं रह जाता। वह भले अपने शिक्षक की उपेक्षा करे, उसे अप्रिय बोले किंतु यदि भावातीत ध्यान का नियमित अभ्यास करता है, तो सब कुछ सही हो जाता है। भावातीत ध्यान के अभ्यास के बारे में वह शिक्षक की बात माने, उसके निर्देशों का पालन करे, तो वह लक्ष्य को अवश्य प्राप्त करेगा। केवल इसी संबंध में आज्ञाकारी होने की आवश्यकता है। शेष अन्य बातें वह चाहे प्रशंसा हो अथवा आलोचना उनका विद्यार्थी की चेतना के विकास से कोई सरोकार नहीं है। आवश्यकता है तो बस निर्देशपालन की – शिक्षक की शिक्षा के प्रति आज्ञाकारी होने की। जैसा वह कहें, वैसा करो स्वेच्छा से अथवा अनिच्छा से – किंतु उसे करो। तब ही तुम्हें वह मिलना प्रारंभ होगा, जो तुम्हें चाहिए।

उदाहरण के लिए कोई ऐसा व्यक्ति जिसे आप पसंद न

भी करें, किंतु यदि वह आपको किसी व्यापार के बारे में बताता है, तो आप उसके पास जाते हैं और उसके साथ कुछ घंटे बिताते हैं, तथा यदि वह कहता है कि यह शरद ऋतु है, इस मौसम में व्यक्ति को दुकान नौ बजे के स्थान पर दस बजे खोलनी चाहिए और यदि आप उसकी बात मानकर दस बजे दुकान खोलने लगते हैं, तो आपका व्यापार बढ़ने लगता है। आपने केवल वह किया जैसा उसने कहा और आपको लाभ मिलने लगा, चाहे व्यक्ति आपको पसंद हो या न हो।

प्रश्न : आपके कहने का आशय यह तो नहीं कि शिक्षक को आप चाहे देवता के रूप में देखें या राक्षस के रूप में, आपके विकास का उससे कोई सरोकार नहीं ?

महर्षि : नहीं, यदि आप शिक्षक को राक्षस के रूप में लेने लगेंगे, तो आज्ञापालन पर प्रतिकूल प्रभाव होगा। इस कारण से ही कहा जाता है: 'उनके अंदर देवता का रुप देखो, न कि राक्षस का। इससे आज्ञापालन प्रभावित नहीं होगा। आज्ञापालन में शिक्षक को समझने का बड़ा महत्व है। यदि हमने शिक्षक को ठीक से समझ लिया है, तो उनके शब्दों को उसी भाव में लेंगे जिसमें वे कहे गए हैं। यदि वह कुछ शब्द बोलते हैं और आप यदि इन शब्दों को उसी भाव में लेते हैं, जिसमें वे बोले गए हैं, तब आप उन्हें सही समझेंगे और समझकर वहीं करेंगे, जो उन्होंने आपसे कहा है। इसका परिणाम यह होगा कि आपको वह अनुभव प्राप्त होगा, जो वह आपको कराना चाहते हैं। अतएव यह आवश्यक है कि आपका शिक्षक के साथ मानसिक तालमेल हो, जिससे आप उनके शब्दों एवं संकेतों को गलत न समझ बैठें। अन्यथा वह कुछ कहेंगे

और उसे आप कुछ समझेंगे। इस प्रकार आज्ञापालन पर प्रतिकूल प्रभाव पड़ेगा; दोनों के मध्य संबंध का प्रयोजन खटाई में पड़ जाएगा। इस कारण से ही हम अपना मन गुरु के मन के सादृश्य बनाने का प्रयास करते हैं। शिष्य के लिए गुरु को राक्षस के रूप में लेना इसलिए भी कठिन होता है, क्योंकि गुरु को आत्मसंसिद्ध और धर्मपरायण व्यक्ति समझा जाता है; यदि कोई शिष्य किसी धर्मपरायण व्यक्ति को राक्षस मानने लगेगा, तो मानसिक तालमेल अवरुद्ध होगा। जब आप गुरु के पास श्रद्धा के साथ जाते हैं, तब आप अपने उन्नत मन के साथ जाते हैं। जब कुछ सद्‌गुण होते हैं, तब मन देवत्त्व की ओर अधिक प्रवृत्त होता है। ऐसा मन गुरु के मन के साथ अधिक सारूप्यता में होता है और उसमें सीख उसी भाव से ली जाएगी, जिसमें दी गयी है। यदि आप घृणा के साथ जाते हैं, अवगुणों के साथ जाते हैं, तो ग्रहण करने की क्षमता नहीं होगी, क्योंकि मन सारूप्य नहीं है।

प्रश्न : क्या अपने इष्टदेव एवं गुरु में कोई अंतर है अथवा इष्टदेव गुरु से पृथक हो सकता है ?

महर्षि : साधना का लक्ष्य भगवान होते हैं और उन तक गुरु की सहायता से ही पहुँचा जा सकता है।

प्रश्न : किंतु क्या इष्टदेव भी ?

महर्षि : इष्टदेवता तक पहुँचना है, तो भगवान का साक्षात्कार करना पड़ता है और इसकी सहायता गुरु से मिलती है। गुरु केवल पथ प्रदर्शक होते हैं; गुरु जो शिष्य की शंकाओं को दूर करने के साथ उसे लक्ष्य का अनुभव प्राप्त करा सकते हैं।

प्रश्न : क्या गुरु तुरीयातीत चेतना का मूर्त रूप नहीं है ?

महर्षि : उसकी चेतना समष्टि की चेतना में जागी हुई है, इस कारण से ही वह गुरु है। जिसकी चेतना में समष्टि का ज्ञान और अनुभव लहरा रहा होता है, उसे गुरु कहते हैं; गुरु का मन समष्टि मन होता है। शिष्य का मन व्यष्टि मन होता है, क्योंकि वह देश एवं काल की सीमाओं में बंधा होता है। शिष्य अपने मन को गुरु के मन के सारूप्य बनाने का प्रयास करता है। इसके लिए गुरु की शरण में जाता है और कुछ करके यह समझने का प्रयास करता है कि उसका ऐसा करना गुरुजी को जंचा या नहीं। यदि गुरुजी के मन को प्रयास भा गया तो शिष्य उनकी अभिरुचि को अंगीकार करने लगता है। यदि गुरु अस्वीकार करता है, तो भी कोई बात नही। शिष्य गुरु जी की रुचि–अरुचि के अनुसार अपने को ढालने लगता है। गुरु के सन्निकट कार्य करते हुए, उनके आसपास रहते हुए, कुछ न कुछ यत्न करते हुए शिष्य अपनी रुचियों और अरुचियों को गुरु की रुचियों और अरुचियों के अनुरूप बना लेता है और इस प्रकार अपने मन का स्तर गुरु के मन के स्तर तक उन्नत कर लेता है। सीखने के इस धरातल पर आज्ञाकारिता के सिवा और किसी बात का महत्व नहीं है। कर्म महत्वपूर्ण नहीं है; जो महत्वपूर्ण है, वह है मन की सारूप्यता है। मन की सारूप्यता की इस स्थिति में यदि गुरु आज 'हाँ' कहता है, तो शिष्य 'हाँ' कहता है, और अपने अंतर्मन से 'हाँ' कहता है, ऊपरी मन से नहीं जिसका कोई अर्थ नहीं होगा। कल गुरुजी ने कहा कि 'नहीं', तो शिष्य भी 'नहीं' कहता है। महत्वपूर्ण कर्म नहीं, मन की सारूप्यता है। हमने पंद्रह वर्ष तक ऐसा जीवन जिया है और हम इसे

अपने जीवन का बहुत बड़ा सौभाग्य मानते हैं। हमें अपने को इस तरह ढालने में दो वर्ष लगे। भूल और उसमें सुधार के प्रयास की प्रक्रिया के मध्य प्रयोजन केवल यह देखना रहता है कि मन किधर गया। जब यह देखना सरल हो गया कि मन किस ओर गया, तब मन को गुरु के मन के सारूप्य करना सरल हो गया। इस मनःस्थिति में पहुँच जाने पर कुछ समय उपरांत गुरु के संकल्प शिष्य के संकल्प बन जाते हैं; गुरु की इच्छाएं शिष्य की इच्छाएं बन जाती है; गुरु के मन की तरंग शिष्य के मन की तरंग बन जाती है। और जो सबसे महत्वपूर्ण बात है वह यह कि शिष्य का मन गुरु के मन के अनुसार चलने का अभ्यस्त हो जाता है और *एकदा* जब वह उस स्तर तक पहुँच गया, तो गुरु के मन का स्तर समष्टि का होने के कारण शिष्य का व्यष्टि मन भी तत्काल समष्टि के स्तर तक उन्नत हो जाता है। तत्क्षण गुरु के मन का निधान शिष्य के मन का निधान बन जाता हैं और अपने आप बिना कुछ दिए हुए शिष्य सब कुछ प्राप्त कर लेता है। ऐसा कभी नहीं होता कि गुरु कुछ देता है, परंतु यह सदैव होता है कि शिष्य लेता है। तालाब में पानी भरा हुआ है। उसकी प्रवृत्ति न तो वहाँ ठहरने की है और न ही बाहर की ओर बहने की। जो भी व्यक्ति अपने खेत में पानी देना चाहता है, वह तालाब से खेत को जोड़ता है और जैसे ही पाइपलाइन पानी के स्तर तक पहुँची कि वह बहने लगता है। यह युक्ति है, जल के स्तर को खेत से जोड़ने की ही बात है। ऐसा हुआ और स्वाभाविक रुप से जल प्रवाहित हो जाएगा, वह रुक नहीं सकता। जाने–अनजाने वह बहने लगता है। शिष्य के गुरु के चरणों में समर्पण का अर्थ यही है। इस प्रकार यदि गुरु

पूर्ण ज्ञानी हुआ और शिष्य इतना भाग्यशाली हुआ कि उसने पूर्ण समर्पण कर दिया, तो काम सिद्ध हुआ जानो। उसमें समय नहीं लगता और युक्ति के स्तर पर ऐसा हो जाता है; और युक्ति सदा यही है – गुरु की अभिरुचि के प्रति भीतर से हाँ और मन की सारूप्यता। अपना अनुभव यही रहा है। गुरु चरणों में दिन–रात हर क्षण छाया की भांति रहो। छाया की तरह गुरु के साथ लगे रहो। किसी के लिए पूर्ण समर्पण केवल तब ही संभव है, जब गुरु के साथ परछाईं की भांति रहने का अवसर मिले। दूर रहकर यह संभव नहीं है। किंतु, यह भावातीत ध्यान व्यष्टि मन को समष्टि मन के साथ सारूप्य करने की ऐसी युक्ति है, जिसमें गुरु के साथ इतने निकट से चलने का अवसर न मिलने पर भी काम हो जाता है। प्रातः एवं सायंकाल भावातीत ध्यान के अभ्यास से आत्मचेतना अपने में भीतर जाते और बाहर आते शनैः–शनैः क्रिया के क्षेत्र को अपने गुण से इतना भिगोती जाती है कि क्रिया का क्षेत्र आत्मचेतना से नित्य अनुप्राणित रहने लगता है और व्यष्टि की चेतना समष्टि की भावातीत चेतना हो जाती है।

प्रश्न : महर्षि जी, क्या इष्टदेव का सगुण साकार क्षेत्र से सरोकार है?

महर्षि : हाँ।

प्रश्न : अर्थात् कोई इष्टदेव अव्यक्त नहीं हो सकता ?

महर्षि : नहीं, नहीं। अव्यक्त तो अव्यक्तिवाचक होता है।

प्रश्न : तो पूर्व विश्लेषण में आपने जिन इष्टदेवता का उल्लेख किया था, उसका अंतरात्मा से क्या संबंध है ?

महर्षि : इष्टदेवता इत्र की बूंद के सदृश हैं और मनुष्य जल की बूंद के समान है। जल की बूंद भी पहचान है, सुगंधित द्रव्य की बूंद भी पहचान है। अंतर यह है कि एक जहाँ उत्तम् स्तर की पहचान है, वहीं दूसरी अधिक सूक्ष्मतर की पहचान।

प्रश्न : किंतु क्या वह भावातीत परमसत्ता की दृष्टि से वास्तविक है अथवा यह आभासात्मक है ?

महर्षि : परमसत्ता की तुलना में सापेक्षता के संपूर्ण क्षेत्र का कोई महत्व नहीं है।

प्रश्न : भगवान के भक्तों की स्थिति के बारे में क्या कहेंगे ?

महर्षि : भगवान के जो भक्त सगुण इष्टदेव के अगाध आनंद में डूबे रहते हैं, वे अव्यक्त भावातीत और तुरीयातीत चेतना आदि बातों पर ध्यान नहीं देते। वे भगवान के परमानंद के लिए, भगवान का प्रेम पाने के लिए जन्म पर जन्म लेना चाहते हैं। वे आवागमन से मुक्ति के बारे में नहीं सोचते, वे भक्ति रस का आनंद लेने के लिए बार–बार जन्म लेना चाहते हैं। भगवान के परमभक्त को, निर्गुण भावातीत सत्ता के आनंद तथा अमूर्त का उल्लास फीका लगता है।

प्रश्न : महर्षि जी, क्या सचमुच भगवान के ऐसे प्रेमी हो सकते हैं ? क्या ऐसे भक्त अब भी होते हैं ?

महर्षि : ऐसे भक्त सर्वोच्च देवीसत्ता की सापेक्ष शिखरों का आनंद अनुभव करते हैं। वे मानते हैं कि यदि हमें भगवान से मिलने के सौभाग्य का वरदान मिला है, तो यह सबसे बड़ा सुख है। इस अनुभव के कारण उनके पास अव्यक्त भावातीत सत्ता के आनंद के परिहास का अधिकार है।

प्रश्न : आपका क्या अनुभव है कि जब कोई भक्त भागवत्–प्रेम का अतीव सुख प्राप्त कर लेता है, तब वह अपने दैनिक जीवन में स्वमेव सन्यासी हो जाता है, अथवा उसे भी चेतना में प्रशिक्षण की आवश्यकता होती है ?

महर्षि : सन्यासी। नहीं, सन्यास तो केवल जीवन में सांसारिक मूल्यों को स्वीकार करने में सक्षम न होने के कारण होता है। कोई व्यक्ति इसलिए सन्यासी हो जाता है, क्योंकि उसे लगता है कि बाह्य जगत् में अत्यधिक आकर्षण हैं और यदि वह बाह्य आकर्षणों में फंसा, तो भीतर के अलौकिक सौंदर्य से वंचित हो जाएगा; अतएव भगवद्मुखी होकर वह लौकिक आकर्षणों का परित्याग कर देता है। ऐसा केवल संसार तथा भगवान की महत्ता के बारे में उचित बोध न होने के कारण होता है। जब मन अधिक बलवान होता है, तब समुचित मूल्य विकसित होते हैं। किसी बात का न तो अधिमूल्यन और न ही उसका अवमूल्यन, बल्कि समुचित मूल्यांकन होता है।

प्रश्न : क्या उन्हें किसी उपासना पद्धति की आवश्यकता नहीं होती ? उदाहरण के लिए यदि मैं यह कहूँ कि आप की दिनचर्या पूरी तरह से सन्यासी की जीवन शैली की भांति है, तब क्या केवल मूल्यों से बात नहीं बनती ?

महर्षि : एक समय था, जब अपने पास समुचित जीवन मूल्य नहीं थे, हम सोचा करते थे कि संसार का परित्याग करने पर ही ईश्वर की प्राप्ति होगी। यह विचार कर हम विरक्त तो बन गए किंतु बाद में अनुभव किया कि यह विचार मिथ्या था। यह जो भावातीत ध्यान है, इसे प्रत्येक व्यक्ति को सिखाया जा सकता है। हर धर्म, संप्रदाय, जाति, लिंग और राष्ट्रीयता का व्यक्ति भावातीत ध्यान से भीतर

जाकर बाहर आना सीख सकता है और बस यही तो करना है। केवल भीतर जाना और बाहर आना आवश्यक है और जब व्यक्ति बाहर आएगा तो संसार का विस्मरण या परित्याग नहीं होगा, अपितु केवल अयोग्यता दूर हो जाएगी और योग्यता का प्रादुर्भाव होगा। इस प्रकार अधिक उन्नत और उत्कृष्ट योग्यता के साथ संसार का श्रेष्ठतर आनंद लिया जा सकेगा। एक बार की बात है। कुछ लोग हमें भारत के किसी कालेज में ले गए। हमने वहाँ विद्यार्थियों को संबोधित किया। विद्यार्थी हमें वैसे ही सुनते रहे, जैसे अन्य संतों को सुना करते थे। कॉलेज के प्राचार्य धार्मिक व्यक्ति थे, अतएव जो भी संत उनके पास कॉलेज आते, विद्यार्थियों के समक्ष उनका प्रवचन अवश्य करवाते। प्रवचन के समय हमने विद्यार्थियों को बताया कि हम उन्हें सिनेमा देखने से मना करने नहीं आए हैं, अपितु यह बताने आए हैं कि सिनेमा का और अधिक आनंद कैसे लिया जाए। उदाहरणार्थ जब कोई छात्र कक्षा में अनुत्तीर्ण होकर दुःखी मन से सिनेमा देखने जाता है, तब वह उसका मजा नहीं ले पाता, किंतु जब कोई छात्र उत्तीर्ण होकर सिनेमा देखने जाता है, तब वह उसका भरपूर मजा लेता है। सिनेमा वही है, परंतु प्रसन्न मन को उसका पूरा आनंद मिलता है, जबकि दुःखी मन को नहीं। मन को सदा प्रसन्न रखने की एक युक्ति है, जिसके द्वारा संसार की विभिन्न वस्तुओं का सुख अधिक अच्छी तरह लिया जा सकता है। इति सिद्धम्।

जब कोई विद्यार्थी क्रिकेट खेलने जाता है, तो मैदान में उतरने के पूर्व वह खेल के अनुकूल सूट, शर्ट और जूते पहनता है। खेल के सही पहनावे पर पांच–दस मिनट लगाना पसंद करता है, ताकि वह खेल का अधिक आनंद

ले सके। हमारा कहना है कि यदि उस पहनावे के साथ दस मिनट अपनी मनोदशा प्रफुल्लित करने की शिक्षा दी जाए, तो वह क्रिकेट के खेल का अधिक आनंद लेगा और अपना संपूर्ण कौशल खेल को दे सकेगा। यदि उससे कहा जाए कि तुम्हें क्रिकेट के मैदान में नहीं, बल्कि मँदिर या गिरजाघर जाना है और वह वहाँ चला भी जाता है और वहाँ जाकर आँख बंद कर ध्यान में बैठ जाता है तथा प्रयास करता है कि ध्यान के दौरान कोई विचार न आए, किंतु उसके लिए ऐसा करना कठिन हो जाता है। उसे चारों ओर अंधकार दिखाई पड़ता है और मन इधर–उधर भटकता है। यदि आप उससे कहें कि तुम्हें इस प्रकार ध्यान में घंटे–दो घंटे बैठना है और आपकी बात मानकर *एकदा* बैठ भी गया, तो वह जांचेगा कि उसे क्रिकेट के मैदान में जो मिलता, क्या उसे वह आधे घंटे में मिला। कोई भी समझदार व्यक्ति इस प्रकार के ध्यान से उस प्रकार का सुख प्राप्त नहीं करेगा, जो उसे क्रिकेट या अन्य किसी शौक से मिलता। इतने समय यदि उसने खेल के मैदान में क्रिकेट या अन्य कोई खेल खेला होता, तो थोड़ा बहुत तो सुख मिला ही होता। परिणाम यह होगा कि अगले दिन से वह ध्यान में नहीं बैठेगा और क्रिकेट का सुख प्राप्त करने के लिए मैदान की ओर भागेगा।

पुनश्च, यदि इस व्यक्ति को भावातीत ध्यान में प्रशिक्षित किया जाता है, उसे ध्यान करने की सही युक्ति बताई जाती है, जिससे वह प्रफुल्ल और प्रसन्न होता है, क्रिकेट के मैदान में जाकर अपने साथियों के साथ मौजमस्ती करता है और क्रिकेट का भरपूर आनंद लेता है; अगले दिन से वह क्रिकेट खेलने के लिए निकलने से पहले ध्यान करेगा, क्योंकि वह अधिक से अधिक रन बनाना चाहेगा। अस्तु, भावातीत ध्यान सक्षम बनने की, प्रफुल्ल

होने की, जीवंत रहने की, हर व्यक्ति के काम की सफल युक्ति है।

प्रश्न : महर्षि जी मैं जानना चाहता हूँ कि भावातीत ध्यान और कर्म के सिद्धांत का क्या आपस में कोई सरोकार है ?

महर्षि : कर्म क्या है; कारण एवं कार्य की संहिता का नाम है। प्रत्येक कार्य का एक कारण होता है तथा प्रत्येक कारण अपने कार्य को जन्म देता है। वर्तमान कार्य भावी कार्य का कारण बनता है; इस प्रकार कार्य एवं कारण तथा कारण एवं कार्य का क्रम चलता रहता है और इसे ही कर्म कहते हैं। इस अर्थ में कर्म मन पर पड़े संस्कारों या छाप का नाम भी है। संस्कार आपको कर्म करने के लिए प्रेरित करते हैं। कर्म से संस्कार बनते हैं और संस्कार पुनः कर्म को जन्म देते हैं। इस प्रकार संस्कार और कर्म का चक्र चलता रहता है। दूसरे शब्दों में संस्कार कामना की सूक्ष्म अवस्था होती है। कर्म और कामना, कामना और कर्म, यह चक्र अनवरत चलता जाता है। इस दृष्टि से भावातीत ध्यान भी तब तक एक कर्म ही है, जब तक वह कर्म के रूप में निष्पादित होता है। इसमें भी मन को लगाना होता है और कुछ भी करने के कारण ही इसकी प्रक्रिया चलती है। यह कर्म तो है, किंतु ऐसा कर्म है, जो हमें कर्म के चक्र से बाहर निकाल कर भावातीत अवस्था में ले जाता है, नैष्कर्म्य की स्थिति में ले जाता है। अस्तु, कह सकते हैं कि भावातीत ध्यान ऐसा कर्म है, जो हमें कर्म की परिधि से बाहर निकालता है, जबकि अन्य कर्म हमें कर्म के क्षेत्र में, क्रिया के क्षेत्र में रखते हैं, कर्म और संस्कार के बंधन में बनाए रखते हैं। दो कर्मों – भावातीत ध्यान के कार्य या प्रभाव और दूसरे कर्म के

कार्य या प्रभाव के मध्य यही अंतर है। भावातीत ध्यान मुक्ति का साधन है; भावातीत ध्यान कर्म के बंधनकारी प्रभाव से बाहर निकालता है, जबकि भावातीत ध्यान से पृथक् कर्म अपने बंधनकारी प्रभाव में फंसाए रखते हैं। भावातीत ध्यान एवं दूसरे कर्मों के मध्य यही अंतर है।

प्रश्न : महर्षि जी, क्या भावातीत ध्यान कारण एवं कार्य के प्रत्यय को निर्मूल करता है ? क्या इसके करने से कार्य और कारण की प्रक्रिया रूपांतरित हो जाती है, निर्मूल हो जाती है। यदि कोई सिद्धपुरुष है, तो क्या उसमें कार्य एवं कारण का चक्र नहीं रह जाता ?

महर्षि : कार्य एवं कारण सिद्धपुरुष में भी बने रहते हैं, सिवा इसके कि वह कारण एवं कार्य के बंधनकारी प्रभाव से ऊपर हो जाता है। अब यह शरीर भी तो किसी कारण का फल है, जो पूर्वकाल का कोई कर्म था; कुछ शुभ और कुछ अशुभ कर्म, जो अब कारण बन गए। यह कारण तब तक सन्निहित है, जब तक शरीर है। इस प्रकार इस शरीर द्वारा जो भी किया जाता है, वह पूर्वकाल में किए गये समस्त कर्मों का प्रभाव या कार्य है। अतएव सिद्धपुरुष को भी पूर्वकाल के कारण के प्रभाव से गुजरना होता है। केवल इतना ही होता है कि इस पूर्वकाल के कारण के प्रभाव से गुजरते हुए, सिद्धपुरुष कोई भावी कारण उत्पन्न नहीं करता। उनके लिए वर्तमान कार्य या प्रभाव ऐसे किसी कारण को जन्म देने में विफल रहते हैं, जो भावी कर्म का फल हो सकता है। इस प्रकार कारण एवं कार्य का चक्र समाप्ति पर पहुँच जाता है, किंतु अंतिम बंधपाश को जीना ही होता है और कार्य का अंतिम बंधपाश शरीर से संबंधित होता है और उसका भोग तब तक होता है, जब तक शरीर रहता है।

प्रश्न : इस जन्म में किसी कारण से यदि कोई अपकृत्य हो गया हो, तो क्या भावतीत ध्यान से उसके बंधनकारी प्रभाव से मुक्ति मिल सकती है ?

महर्षि : क्यों नहीं ? प्रत्येक बात से छुटकारा पाया जा सकता है, पूर्वकाल के प्रत्येक प्रभाव को वर्तमान द्वारा निष्प्रभावित किया जा सकता है। जो हमने पूर्वकाल में किया, उसे हम वर्तमान में मिटाते हैं। वह सब कुछ जो किया जा चुका है, मिटाया जा सकता है, क्योंकि वह हमारी अपनी ही तो करनी है। अपनी वर्तमान की करनी से हम अपने पूर्वकाल की करनी का बराबर शोधन कर सकते हैं। वर्तमान का कर्म महत्वपूर्ण है और भावातीत ध्यान ऐसी प्रक्रिया है, जो अनुभव एवं कर्म के समस्त क्षेत्रों को सुदृढ़ करती है। जब अनुभव एवं कर्म के क्षेत्र विकसित हो जाएंगे, तब पूर्वकाल के अविकसित क्षेत्रों द्वारा किये गए कर्मों का वर्तमान के अधिक विकसित क्षेत्रों द्वारा सुगमता से क्षय किया जा सकता है। यही भावातीत ध्यान का महत्व है।

प्रश्न : महर्षि जी, कुछ लोग परमानंद की स्थिति भावातीत ध्यान के अभ्यास के बिना भी प्राप्त कर लेते हैं; क्या यह भगवान की कृपा के कारण होता है ?

महर्षि : कोई भी उसे बिना खोजे प्राप्त नहीं कर सकता।

प्रश्न : क्या यह सत्कर्मों से प्राप्त होता है ?

महर्षि : हाँ, उन्हें यह सत्कर्मों से मिलता है, वर्तमान के सत्कर्मों से मिलता है। पूर्वकाल के सत्कर्म व्यक्ति को आत्मसाक्षात्कार कराने के लिए पर्याप्त नहीं होते। ऐसा होता तो वह पूर्वकाल में ही सिद्ध हो जाता। उसे अभी कुछ ऐसा करना होता है, जिसके परिणामस्वरुप वह सिद्ध हो जाए।

प्रश्न : महर्षि जी, क्या भावातीत ध्यान की शक्ति के दुरुपयोग की कोई आशंका है ?

महर्षि : भावातीत ध्यान से व्यक्ति ओजस्वी होता है और ओजस्वी होने के साथ वह सुख, शांति और संतोष का भी अनुभव करता है। ऊर्जा के साथ शांति एवं संतोष ऊर्जा का दुरुपयोग नहीं हो सकता।

प्रश्न : व्यक्ति का आत्मसिद्ध होना किस बात पर निर्भर करता है?

महर्षि : यह व्यक्ति के कर्मचक्र पर, उसके पूर्वकर्मों के चक्र पर निर्भर करता है। भावातीत ध्यान भी अपने में कर्म है, क्रिया है, जो व्यक्ति को प्रत्यक्ष आत्मसिद्धि की ओर अग्रसर करता है। हमने जो कुछ भी किया है, पूर्व में जिन भी कारणों को जन्म दिया है, इस जन्म में उन्हीं का फल भोगते हैं। हमने मनुष्य का जन्म लिया है और इतना ही हमें भावातीत ध्यान करने की पात्रता के लिए पर्याप्त है, ताकि हम यहीं और तुरन्त आत्मसाक्षात्कार करें। पूर्वकाल में हमारे चाहे जैसे कर्म रहे हों, ऐसा प्रतीत होता है कि उनसे हमें ऐसी योग्यता मिली है कि इस जन्म में आत्मसाक्षात्कार हो सकता है। कर्म के इस वर्तमान चक्र में भावातीत ध्यान के कर्म की, आत्मसाक्षात्कार की आवश्यकता है और यह हरेक के लिए संभव है। आत्मसाक्षात्कार व्यक्ति के कर्मचक्र से प्रभावित होता है। यह इसी की सीमा में रहता है, किंतु आत्मसाक्षात्कार होते ही व्यक्ति कार्य और कारण के प्रभाव से मुक्त हो जाता है।

प्रश्न : यदि इसके साथ हमारा जन्म हुआ है, तो इससे कैसे बचा जा सकता है ?

महर्षि : उससे बचने की आवश्यकता नहीं है, उससे बचा भी नहीं जा सकता, क्योंकि कर्म हमारे अपने हैं। प्रारब्ध का जितना दुःख भोग लेकर हम जन्में हैं, उतना हमें भोगना ही होगा। किंतु यह भी उतना ही सही है कि भावातीत ध्यान हमें दुःख के प्रभाव से ऊपर ले जाता है। जैसा एक छोटे व्यापारी के साथ होता है, एक दिन उसे सौ रुपये की हानि का दुःख होता है और अगले दिन पांच सौ रुपये के लाभ का आनंद होता है; हानि एवं लाभ उसे प्रभावित करेंगे। किंतु यदि वह करोड़पति हो जाए, तो आज का लाभ और कल की हानि उसे प्रभावित नहीं करेगी। बात यह है कि हानि एवं लाभ व्यापार का निहित अंग है – इक दिन सुख, इक दिन दुःख, किंतु यह नित्य आत्मा के प्रकाश में महत्वहीन हो जाता है। जब सुख का स्तर शाश्वत आनंद तक उन्नत हो जाता है, तब क्षणभँगुर सुख एवं दुःख हेय हो जाते हैं; दोनों में से कोई भी हमें प्रभावित नहीं करता। अतएव भावातीत ध्यान दुःख को निर्मूल करने का मार्ग नहीं है, यह तो हमें दुःख के जाल से, जीवन के बंधन से बाहर निकालने का मार्ग है। परिवर्धित ऊर्जा, परिवर्धित बौद्धिक क्षमता, परिवर्धित संतोष एवं सुख से, दुःख की तीव्रता अनुभव नहीं होती है।

प्रश्न : महर्षि जी, मान लीजिए कोई व्यक्ति रोगी है और उसके जीने की आशा नहीं है। ऐसे में चालीस लोग मिलकर यदि उसके निरोग होने की प्रार्थना करते हैं और वह बच जाता है। अब यदि ये लोग कहते हैं कि उनकी प्रार्थना ने उसके जीवन को बचाया, तो क्या यह माना जाए कि उनकी प्रार्थना ने उस रोगी का जीवन बचाया ? क्या चालीस लोगों की प्रार्थना किसी रूप में कर्म पर प्रभाव डाल सकती है ?

महर्षि : कर्म, कर्म से प्रभावित होता है। प्रार्थना भी कर्म ही है और प्रार्थना की शक्ति किसी अन्य कर्म से गुरुतर होती है। यदि प्रार्थना विधिवत् की जाए तो किसी भी वस्तु को प्रभावित किया जा सकता है।

प्रश्न : 'विधिवत् करने' से आपका क्या तात्पर्य है ?

महर्षि : 'विधिवत् करने' का अर्थ उसके प्रभावी होने से है, क्योंकि हम प्रक्रिया की शुद्धता उसके परिणाम से ही जानते हैं। यदि परिणाम अच्छा है, तब प्रक्रिया भी सही रही है। यदि परिणाम अच्छा नहीं है, तो प्रक्रिया सही नहीं थी। इसे समझने के लिए गहन तर्क की आवश्यकता नहीं है। यदि ध्यान का प्रथम् अभ्यास कोई परिणाम नहीं दर्शाता है, इसका अर्थ है कि प्रारंभ सही नहीं रहा।

प्रश्न : महर्षि जी, ऐसा क्यों है कि कोई व्यक्ति दो रोगियों के लिए प्रार्थना करता है और उनमें से एक तत्काल अच्छा हो जाता है, जबकि दूसरा नहीं ? प्रार्थनाएं तो दोनों के लिए की गई थीं। क्या यह संयोग ही था कि एक ठीक हो गया और दूसरा नहीं हुआ, अथवा यह प्रार्थना का प्रभाव था ? कोई व्यक्ति इसे कैसे जाने ?

महर्षि : इसके कई कारण हो सकते हैं। एक कारण प्रार्थना करने वाले व्यक्ति का रोगी के प्रति लगाव हो सकता है। प्रार्थना जोड़ती है। वह एक त्रिकोण का निर्माण करती है – एक वह जो प्रार्थना कर रहा है, एक भगवान जिससे प्रार्थना की जाती है और एक वह जिसके लिए प्रार्थना की जाती है। अब, प्रतिरोध किसी भी बिन्दु पर हो सकता है। इसका कारण यह हो सकता है कि व्यक्ति पूरी निष्ठा से प्रार्थना नहीं कर रहा है अथवा भगवान और जिस व्यक्ति

के लिए प्रार्थना की जा रही उनके मध्य कोई व्यवधान है। व्यवधान उस व्यक्ति से, उस व्यक्ति की प्रवृत्ति से, व्यक्ति के कर्म से तथा उस व्यक्ति के भगवान में विश्वास के स्तर से हो सकता है। पुनश्च, व्यवधान दो व्यक्तियों, एक जो प्रार्थना करता है तथा एक जिसके लिए प्रार्थना की जाती है, के मध्य हो सकता है। यह उस व्यक्ति के प्रति निष्ठा में अभाव के कारण हो सकता है, जिसके लिए प्रार्थना की जा रही है या दोनों के मध्य लगाव के अभाव के कारण हो सकता है। अनेक बार ऐसा होता है कि बाह्य रूप से लगाव प्रतीत होता है, किंतु उनके मनों में सारूप्यता नहीं होती। ऐसा भी हो सकता है कि कोई व्यक्ति बाह्य दबाव के कारण भगवान से प्रार्थना कर रहा है, किंतु आंतरिक रूप से वह प्रार्थना न कर रहा हो। त्रिकोण में किसी बिंदु पर यह व्यवधान परिणाम नहीं आने देगा।

प्रश्न : महर्षि जी, क्या भावातीत ध्यान से कम से कम एक पक्ष का, प्रार्थना करने वाले व्यक्ति का व्यवधान दूर किया जा सकता है ?

महर्षि : और अब यह बात हमें दूसरे प्रश्न पर लाती है। व्यवधान की संभावना इन तीनों में से किसी की ओर से भी हो सकती है। किंतु, यदि धारा एक ओर से पूरी शक्ति एवं वेग से प्रवाहित हो रही है, तो दूसरी ओर से किसी भी व्यवधान पर सुगमता से नियंत्रण किया जा सकता है। इस प्रकार विभिन्न अवस्थाएं परिस्थिति की नियामक होती हैं। यदि रोगी की भगवान में आस्था है, तो वह रोगमुक्त हो जाएगा।

प्रश्न : महर्षि जी, क्या मेरा यह मानना सही है कि रोगनिवारण की प्रक्रिया रोगी के अपने भीतर ही प्रभावित होगी ?

महर्षि : हाँ, यह भी सही है। भावातीत ध्यान ऐसी युक्ति है जिसे स्वतः रोग निवारक कहा जा सकता है। कोई दूसरा व्यक्ति स्वयं को रोगनिवृत्त करता है। उसे किसी अन्य निवारक की आवश्यकता नहीं होती। भावातीत ध्यान से वह रोगनिवारण की शक्ति स्वयं उत्पन्न करता है।

प्रश्न : महर्षि जी, आपने अभी त्रिकोण के बारे में बताया; इसे आप थोड़ा और स्पष्ट करने की कृपा करें। यह त्रिकोण क्या है ?

महर्षि : त्रिकोण भगवान, भक्त तथा रोगी के मध्य का विषय है। किंचित् प्रार्थना की विफलता का पता लगाने के लिए हमारे लिए यह समझना आवश्यक है कि बड़ा व्यवधान कहाँ पर है। जब ऐसा हो कि दो व्यक्तियों ने एक ही प्रकार से प्रार्थना की, एक ही समय और एक ही स्थान पर प्रार्थना की और उसमें एक प्रार्थना फलित हुई तथा दूसरी नहीं, तब यह त्रिकोण स्थिति को स्पष्ट करता है और बताता है कि प्रार्थना की असफलता किस भूल के कारण हुई।

प्रश्न : जब व्यक्ति चेतना की तुरीयातीत अवस्था में प्रतिष्ठित हो जाता है, तो क्या कर्म के नियम बदल जाते हैं ?

महर्षि : कर्म तीन प्रकार के होते हैं। कर्म का एक प्रकार वह है, जो यथावत् रहता है; अन्य दो प्रकार के कर्म वे हैं, जो बदल जाते हैं। पहले प्रकार का कर्म पूर्वकाल से संबद्ध होता है। आप दीर्घकाल तक किसी क्रिया में संलग्न रहे, फलस्वरूप प्रचुर मात्रा में कर्म संचित हो गए। इन संचित कर्मों के पहाड़ में से हम कुछ कर्म लेते हैं और उन्हें भोगने के लिए इस भौतिक शरीर को धारण करते

हैं। जब तक शरीर रहना है, तब तक हमें उन कर्मों का भोग करना है, जिसके लिए हमने शरीर धारण किया है। हमारे वर्तमान कर्म हमारे मन पर अपनी छाप छोड़ते हैं और ये छाप या संस्कार कामना का बीज बन जाते हैं; कामना कर्म में पल्लवित होती है। अतएव यह वर्तमान की क्रियाशीलता ही है, जो भविष्य के कर्म का बीज बन जाती है। इस प्रकार पूर्वकाल के कर्म होते हैं, वर्तमान के कर्म होते हैं तथा भविष्य के कर्म होते हैं। व्यक्ति को आत्मसाक्षात्कार का फल असीम आनंद के अनुभव के रूप में मिलता है और समस्त इच्छाएं पूर्ण हो जाती हैं। आत्मसाक्षात्कार में मन नित्य तृप्ति की स्थिति को प्राप्त होता है। मन की नित्य तृप्ति की स्थिति में ऐंद्रिक अनुभव से जनित छाप या संस्कार स्थाई रूप से अंकित नहीं होते। मन पर पड़ने वाली छापें तीन प्रकार की होती है : एक तो बहुत गहरी छाप, जैसे पत्थर में काटा गया कोई खांचा; एक छिछली, जैसे राख पर खींची गई कोई लकीर, जो हवा के एक झोंके से ही सुगमता से मिट जाती है; तथा तीसरी अत्यंत छिछली, जल के ऊपर खींची गई लकीर जैसी, जो खींचने के साथ–साथ मिटती जाती है। भावातीत ध्यान के अभ्यास से जैसे–जैसे चेतना की तुरीयातीत अवस्था पुष्ट होती जाती है, वैसे–वैसे हमारे मन पर अनुभवजनित छापों की गहराई छिछली और छिछली होती जाती है। तुरीयातीत चेतना की स्थिति में छाप जल के ऊपर की लकीर की भांति होती है। जब छाप जल पर खींची गई लकीर की भांति छिछली होती है, तो भावी कर्म का बीज तैयार नहीं होता। इस प्रकार, इंद्रियजन्य अनुभव तो होते हैं, तथापि भविष्य के लिए कुछ भी संचित नहीं होता।

जब मन शुद्ध भावातीत सत्ता में रच–बस जाता है, तब मन पर पड़ी छाप मन के अतीव संतोष के कारण स्वतः छिछली होती है। एक बार वह पूर्णतया संतुष्ट हुआ, तो पुनः और संतोष नहीं चाहता। यह किसी करोड़पति के संतुष्ट मन की भांति होता है। यदि धन पर्याप्त है, तो मन धन की तरफ से संतुष्ट रहता है और उसे कुछ सौ रुपए की हानि से अंतर नहीं पड़ता। करोड़पति को अपने को सांत्वना देने के लिए कोई मानसिक तालमेल नहीं बैठाना पड़ता। उसका करोड़पति होना ही कुछ सौ रुपए की हानि सहन करने के लिए पर्याप्त होता है। उसके मन की तृप्तावस्था मन पर हानि के प्रभाव की छाप नहीं पड़ने देती।

जब आत्मसाक्षात्कार हो जाता है, तब पूर्वकाल की अक्षयशील कर्म राशि स्वाहा हो जाती है। इस बात को इस उदाहरण से स्पष्ट करते हैं। मान लीजिए हम किसी यात्रा पर निकलते हैं, तो घर में रखे कपड़ों में से कुछ कपड़े एक सूटकेस में ले जाते हैं। बाहर निकलने के पश्चात् घर में आग लग जाती है और घर के सारे वस्त्र जल जाते हैं। केवल सूटकेस में रखे कपड़े बचे रहते हैं। इसी प्रकार जब हम यह अपना भौतिक शरीर धारण करते हैं, तो हम पूर्वकाल के संचित कर्मों में से कर्म की एक निश्चित मात्रा निकालते हैं, किंतु जब हम आत्मसाक्षात्कार प्राप्त करते हैं, तो पूर्वकाल के कर्म का पहाड़ दग्ध हो जाता है, परंतु वर्तमान का कर्म सिद्धपुरुष को भी भोगना पड़ेगा।

प्रश्न : यह बात हम किस प्रकार प्रमाणित कर सकते हैं ?

महर्षि : इसे प्रमाणित नहीं किया जा सकता, किंतु हम इसे

तर्कसंगत चिंतन से समझ सकते हैं। अपने नित्य संतोष के कारण कोई सिद्धपुरुष जब अपना शरीर छोड़ते हैं, तो दूसरा शरीर धारण करने की उनकी कोई इच्छा नहीं होती। जन्म को मृत्यु के समय की अंतिम इच्छा का परिणाम माना जाता है। इससे निर्णय होता है कि व्यक्ति का पुनर्जन्म कहाँ और किस वातावरण में होगा। किंतु वह व्यक्ति जिसने आत्मसाक्षात्कार कर लिया है, जिसके मन पर पड़ी हुई समस्त छाप जल पर पड़ी लकीर की भांति मिट गई हैं, उसकी मृत्यु के समय पर कोई इच्छा नहीं होती है, जो जीवात्मा को किसी दूसरे शरीर में ले जाने के लिए बाध्य करे। जब पुनर्जन्म की संभावना इस प्रकार दूर हो जाती है, तब पूर्वकाल के कर्म का अक्षयशील भण्डार दग्ध होने के समान हो जाता है। इस प्रकार आत्मसाक्षात्कार से भूत एवं भविष्य के कर्म दग्ध हो जाते हैं – केवल वर्तमान रहता है और वर्तमान कर्म ही है, जो तुरीयातीत चेतना के विकास के लिए उत्तरदायी होता है। जब भावातीत सत्ता अनुभव में व्याप्त हो जाती है, तब कर्म, कर्म के रूप में नहीं रह जाते। क्रिया शांति से भर जाती है। अतएव सिद्धपुरुष का कर्म अकर्म होता है। वह जो कर्म में नैष्कर्म्य के दर्शन करता है, वही ज्ञानी है, वही यथार्थ में दर्शन करता है। इस प्रकार संसार में रहते हुए उसका संसार से सरोकार नहीं होता। यह एक स्वाभाविक स्थिति है, जो मानवीय चिंतन से परे हैं– जल में कमल की भांति रहना, फिर भी उससे अप्रभावित रहना। यही दैवी मनुष्य का लक्षण है।

दुःख

प्रश्न : यदि जीवन आनंद रुप है, तो हम दुःख क्यों भोगते हैं?

महर्षि : हम इसलिए दुःख भोगते हैं, क्योंकि हम आनंद प्राप्त नहीं कर पाते। सदैव अंधकार क्यों होता है ? क्योंकि किसी ने भी प्रकाश का स्विच नहीं दबाया है। एक मछली प्यासी क्यों है ? क्योंकि वह जल नहीं पी रही है। हम दुःख केवल इसलिए भोगते हैं, क्योंकि हम नहीं जानते कि आनंद कैसे लिया जाता है। प्रायः प्रत्येक धर्म सिखाता है कि परमानंद की सत्ता मनुष्य के भीतर है। चूंकि हमने अपने भीतर के सुख–शांति के आगार में प्रवेश का मार्ग नहीं चुना, अतएव बाहर रहकर, बहिर्मुखी होकर दुःख भोगते हैं। यह जो भावातीत ध्यान है, वह मन को अपने भीतर स्थित उस आनंद सागर में ले जाने का सीधा मार्ग है, जहाँ पहुँचकर जीवन के सारे दुःख मिट जाते हैं।

प्रश्न : पश्चिमी समाज, विशेष रूप से ईसाइयों के लिए यह स्वीकार करना कठिन बात है कि जीवन आनंद है, क्योंकि उन्हें प्रारंभ से ही 'जीवन संघर्ष है' का पाठ पढ़ाया जाता है।

महर्षि : ऐसा इसलिए है क्योंकि पश्चिम में अधिकाधिक जीवन स्थूल स्तर पर है। पाश्चात्य दर्शन ने जीवन के आंतरिक मूल्यों को अधिक महत्व नहीं दिया है, किंतु इसका यह अर्थ भी नहीं है कि यहाँ के धर्मशास्त्रों का आंतरिक जीवन से कोई सरोकार नहीं है। यह तो केवल उस शिक्षा की त्रासदी है, जो इस प्रकार के भ्रम में परिणत हुई है। वे लोग भी जिनके मन दुःख भोग को आवश्यक

समझ बैठे हैं तथा जो दुःख भोग को जीवन का स्वभाव समझते हैं, यह उनके लिए अपनी समझ को सुधारने का तथा इस तथ्य को स्वीकार करने का उत्कृष्ट समय है कि जीवन आनंद है।

प्रश्न : ईसाई धर्म इस बात पर बल देता है कि जीवन संघर्ष है।

महर्षि : तब हम उसका अर्थ इस प्रकार से करते हैं: जीवन संघर्ष है। किंतु ईसाइयत आपको सिखाती है कि आप संघर्ष से बाहर आ सकते हैं और यदि आप ईसाई धर्म का पालन नहीं करते हैं, तब आपको संघर्ष में रहना पड़ेगा। हम चीजों को शुभता के अर्थ में देखते हैं। अतः ईसाई धर्म की इस शिक्षा का भी अर्थ शुभता के प्रकाश में किया जाना चाहिए। पुनश्च, जब हम यह स्वीकार करते हैं कि जीवन संघर्ष है, तो हम इस सिद्धांत को परम्–सत्य के रूप में स्वीकार नहीं करते हैं, अपितु सत्य के प्रति उन्मुख होने के रूप में स्वीकार करते हैं। जब कोई व्यक्ति दुःख भोग रहा होता है और आप उसे बताते हैं कि जीवन दुःखभोग है, तब उसे थोड़ी सी राहत मिलती है। अस्तु, ईसा कहते हैं कि "परमेश्वर का राज्य हमारे भीतर है", तो उसका आशय है कि "पहले तुम परमेश्वर के राज्य को खोजो, शेष सब कुछ तुम्हें वहीं मिल जायेगा"। अतएव भीतर की ओर झांकना प्रारंभ करो, जहाँ पर परमेश्वर का राज्य स्थित है। एक बार इस भीतर की सत्ता का, आत्मसत्ता का अनुभव हुआ और सारे कष्ट और दुःख मिट गए।

प्रश्न : क्या आप यह नहीं मानते कि कष्ट एवं दुःख प्रगति की प्रेरणा के रूप में आवश्यक हैं ? अन्यथा, स्थायी रूप से सुखी व्यक्ति संतुष्टि के कारण जैसे का तैसा बना रहेगा।

महर्षि : यदि व्यक्ति स्थायी रूप से सुखी हो गया है, तो उसने प्रफुल्लता की वह अवस्था प्राप्त कर ली है, जिसके लिए उसका जन्म हुआ है। दुःखभोग की स्वयं में कोई गुणमान्यता नहीं है। जीवन का सरोकार तो सुख है। दुःख भोग नकारात्मक सुख है; हम जीवन में अनन्य सुख, नित्य आनंद चाहते हैं। दुःखभोग विकास के मार्ग का गतिरोध है, पतनोन्मुख है; दुःखभोग पाप का फल है और प्रगति में बाधक है। जब कोई व्यक्ति दुःख भोगता है और भगवान का स्मरण करता है, तो वह भगवान के स्मरण के कारण ऊर्ध्वगामी होता है, न कि दुःख के कारण। इसे विकास की दिशा में जाना कहते हैं, जबकि दुःख विपरीत दिशा में ले जाता है। भावातीत ध्यान दुःख के द्वार बंद करने तथा सुख के द्वार खोलने का उपाय है।

प्रश्न : क्या यह बात सही नहीं है कि चरित्र के विकास के लिए भी व्यक्ति को जीवन में किसी प्रकार का सत्कर्म करते हुए, त्याग एवं दुःखभोग से होकर जाना होता है ? क्या यह आध्यात्मिक विकास में सहायता नहीं करता ?

महर्षि : हम नहीं समझते कि इसका उच्चतर चेतना के विकास से कोई सरोकार है। वह किसी व्यक्ति को व्यवहार के क्षेत्र में अधिक समझदार एवं कुशल बनाता है और जब कोई व्यक्ति व्यवहार के क्षेत्र में कुशल होता है, तो वह दूसरों की अपेक्षाकृत अधिक शांति अनुभव करता है, किंतु इसे उन्नत चेतना का विकास नहीं कहा जा सकता। आध्यात्मिकता खरीदी नहीं जा सकती है।

प्रश्न : क्या इसे ही मूल पाप कहा जाता है ?

महर्षि : संसार में वस्तुओं का आनंद लेना पाप नहीं है।

सर्वशक्तिमान पिता ने हमारे सुख के लिए ही सूर्य, चंद्रमा सहित संपूर्ण सृष्टि की छटा बिखेरी हैं। मनुष्य दुःखभोग के लिए नहीं जन्मा है। तथापि जीवन का आनंद न लेकर, वह उसी प्रकार दुःख भोगने लगता है, जैसे हम बरामदे में इसलिए ठिठुरते रहते हैं, क्योंकि हम घिरे हुए कमरे की तपिश का आनंद नहीं ले रहे हैं। यदि हम चाहते, तो हम वहाँ पर किसी भी समय हो सकते थे। यह तो बस चयन की बात है। हम सृष्टि की विविधता का आनंद ले रहे हैं। चाहें तो इस विविधता के मूल में स्थित एकत्व का आनंद भी किसी भी समय ले सकते हैं। विविधता और एकता, दोनों का आनंद एक साथ ले सकते हैं। हमारे जीवन के दो छोर हैं, तथा दोनों सिरे एक साथ चलकर जीवन को पूर्ण बनाते हैं। एक छोर दूसरे के बिना अधूरा है। वैसे ही जैसे किसी चुंबक के लिए ऋणात्मक तथा धनात्मक, दोनों ध्रुवों का होना आवश्यक है। इसकी धनात्मकता उसकी ऋणात्मकता तथा इसकी ऋणात्मकता उसकी धनात्मकता के कारण है। धनात्मक ध्रुव जीवन के सुखों को दर्शाता है, जबकि दुःख जीवन का ऋणात्मक पक्ष है। किंतु, दोनों ध्रुवों के मध्य जीवन का एक तटस्थ बिंदु भी है, जो सुख अथवा दुःख, दोनों से अप्रभावित रहता है। यही भावातीत दैवी सत्ता का क्षेत्र है, ईसा के शब्दों में अपने ही भीतर परमेश्वर का राज्य है। इसका कोई गुण नहीं होता; यह सुख एवं दुःख से परे शुद्ध चेतना है, भावातीत सत्ता है। आप कुछ ऐसा कर सकते हैं, जिनका फल सुख में मिल सकता है और कुछ ऐसा कर सकते हैं जिनका फल दुःख हो सकता है। यदि आप न सुख और न ही दुःख भोगना चाहते हैं, तो तटस्थ क्षेत्र में रहिए, अपनी आत्मा में रहिए।

किंतु पते की बात यह है कि जब हम अपनी आत्मसत्ता में होते हैं, तब हम आनंद के उस स्तर पर होते हैं, जो सापेक्ष जगत् के किसी भी सुख से बड़ा होता है। कहने का आशय आनंद का सागर हमारे लिए खुला है। केवल चयन की बात है। भावातीत ध्यान का चयन हमारे अपने भीतर शुद्ध आनंद का रस उत्पन्न करता है।

प्रश्न : महर्षि जी, इस क्षेत्र की खोज गुप्त रहस्य जैसी प्रतीत होती है, ऐसा क्यों ?

महर्षि : क्योंकि यह क्षेत्र सापेक्षता से परे है। यद्यपि सापेक्षता की भी ऐसी सूक्ष्म अवस्थाएं हैं, जिन्हें हम देख नहीं सकते और यदि हमारी ज्ञानेंद्रियां मूर्त सृष्टि की इन सूक्ष्म अवस्थाओं का अनुभव नहीं कर सकती हैं, तब उस क्षेत्र का क्या कहना, जो सृष्टि के सूक्ष्मतम् क्षेत्र से भी परे है? स्पष्टतया इसी कारण से हम उसे नहीं समझते हुए प्रतीत होते हैं। अब चूंकि वह हमारी अपनी प्रकृति है, और वह जो हमारा अपना है, उससे असंबद्ध नहीं हुआ जा सकता। कोई भी व्यक्ति नहीं कह सकताः "मैंने स्वयं को खो दिया है।" भावातीत ध्यान इस स्वयं का, आत्मा का अनुभव कराता है।

प्रश्न : दूसरे महायुद्ध के यातना शिविरों में लाखों लोगों के दुःखभोग का कारण उनके कर्म हो सकते है, किंतु निर्दोष बच्चे क्यों दुःख भोगते हैं ?

महर्षि : निर्दोष तो निर्दोष है; वह दुःख नहीं भोगता है। वह कैसे दुःख भोग सकता है। जब कोई दुःख भोगता है, वह सदैव उसके पूर्वकाल के कर्मों का फल होता है।

प्रश्न : यदि मनुष्य की लालसा सुख की है, तब आप क्यों कहते हैं – परमेश्वर के राज्य की ओर जाते हुए उसे दुःख भोगने की आवश्यकता नहीं है ?

महर्षि : क्योंकि प्रकाश की दिशा में बढ़ते हुए हम यह नहीं सोच सकते कि अंधकार घना हो रहा है। इसी प्रकार जब हम परमेश्वर की ओर प्रस्थान करते हैं, तब यह सुख बढ़ता है, दुःख नहीं। अतएव स्पष्ट है कि जीवन का आनंद लेने के लिए ज्ञानसंसिद्धि के लिए दुःख सहना आवश्यक नहीं है।

प्रश्न : क्या वह अज्ञान है, जिसके कारण मनुष्य दुःख भोगता है?

महर्षि : केवल इस बात की अनभिज्ञता कि वास्तविक सुख की ओर का मार्ग दूसरी दिशा में स्थित है; बस वह इतनी सी बात नहीं जानता।

प्रश्न : दुनिया में ऐसे लाखों लोग हैं, जो रुग्ण हैं अथवा भुखमरी के शिकार हैं; क्या वे सुख प्राप्त नहीं कर सकते।

महर्षि : क्यों नहीं ?

प्रश्न : जब तक उनके लिए कुछ किया नहीं जाता, तब तक इन भुखमरी और रोग के शिकार लोगों अथवा बच्चों के लिए कोई क्या कर सकता है ?

महर्षि : भावातीत ध्यान से भूखा व्यक्ति सुखी भूखा मनुष्य हो सकता है। यदि वह भावातीत ध्यान करने लग जाता है, तो वह सुखी भूखा मनुष्य होगा, यदि वह भावातीत ध्यान नहीं करता, तब वह भूखा एवं दुःखी रहेगा। भूख है, तो दाल–रोटी से ही जाएगी किंतु बिना दाल–रोटी के भी मनुष्य को अपने भीतर आनंद के क्षेत्र में लाकर, भावातीत

ध्यान का अभ्यास कराकर सुखी बनाया जा सकता है। अकेले भूख को मिटाना जीवन का कुल उद्देश्य नहीं है। यह जीवन का एक पक्ष है और इसे जीवन के अनिवार्य पक्ष के रूप में स्वीकार भी किया जाता है, किंतु जीवन के और अधिक अनिवार्य पक्ष भी हैं। यदि व्यक्ति ने आनंद के राज्य में ध्यान लगाया, तो वह दुःखी मनुष्य नहीं रहेगा।

प्रश्न : क्या वह स्वयं भावातीत ध्यान कर दूसरे लोगों को भी अधिक सुखी बना सकता है ?

महर्षि : हाँ अवश्य, क्योंकि यदि हम भावातीत ध्यान नहीं करते, तो हम स्वयं दुःखी रहते हैं और दुःख फैलाते हैं और ऐसा होने से दूसरे भी प्रभावित होते हैं। किंतु, यदि हम ध्यान करते हैं, तो हम स्वयं प्रफुल्ल होते हैं और अंततोगत्वा अपनी प्रफुल्लता के स्पंदनों से दूसरों को आनंदित करते हैं। इस प्रकार यदि हम दूसरों को भावातीत ध्यान सिखा सकें, तो सारा विश्व सुखी हो जाएगा। यदि सर्वत्र भावातीत ध्यान के शिक्षक तैयार हो जाएं, तो सारे विश्व को ध्यान सिखाकर सुखी बना सकते हैं।

प्रश्न : भारत में एक कहावत कही जाती है – 'भूखे भजन न होए गोपाला'। कोई भूखा भावातीत ध्यान कैसे करे ?

महर्षि : उसे रोटी को भूल जाना चाहिए, क्योंकि रोटी पर ध्यान नहीं लगाना है। युक्ति बस इतनी है कि भावातीत क्षेत्र में आ जाओ। यदि आप किसी चीज को प्राप्त करना चाहते हैं, तो उसके विचार से पूरी तरह बाहर आओ। रोटी के बारे में मत सोचो; बस आनंद के राज्य मे प्रवेश करो, शेष सब कुछ अपने आप प्राप्त हो जाएगा।

प्रश्न : क्या आपके सिद्धान्त में दुःख और शांति के मध्य अतिसूक्ष्म, गहन और नित्य संतुलन जैसे विचार के लिए इस अर्थ में कोई स्थान है, कि दोनों एक ही क्षेत्र में एक ही समय रहते हैं तथा वे एक दूसरे के आगे–पीछे चलते हैं ?

महर्षि : जीवन की ऐसी स्थिति भी होती है, जहाँ पर मनुष्य दुःख भोग रहा होता है, परंतु उसका प्रतिरोध नहीं करता है; वह दुःख को स्वीकार करता है और दुःखों के प्रति अपने उत्सर्ग में शांति प्राप्त करता है। ऐसा हो सकता है, किंतु इसे जीवन की पूर्णता नहीं कहा जा सकता है, क्योंकि यह शांति केवल दुःख से निवृत्ति होने की क्षमता के अभाव के कारण होती है। यह शांति केवल पराजयवादी मानसिकता के कारण होती है; क्योंकि जीवन में दुःख को पराजित करने का कोई अवसर दिखाई नहीं पड़ता, अतएव इसे भगवान के नाम पर, मुक्ति के नाम पर स्वीकार कर लिया जाता है। जब किसी को यह समझ न आए कि दुःख कैसे दूर किया जा सकता है तब यह दुःख को चतुराई से स्वीकार करने का दृष्टिकोण है; इसी बात के चलते दुःख भोगने वालों को चुप कराने के लिए कहा जाने लगा कि स्वर्ग के राज्य की प्राप्ति के लिए दुःखभोग आवश्यक है। किंतु यह मिथ्या दृष्टिकोण है।

प्रश्न : उस व्यक्ति के बारे में क्या कहेंगे, जिसने दुःख को पराजित करने का प्रयास किया है या नहीं, तथापि स्वेच्छा से दुःख और शांति के मध्य संतुलन का रास्ता चुनता है।

महर्षि : पहली बात तो यह है कि मनुष्य की दुःख स्वीकार करने की चाह ही अस्वाभाविक है, क्योंकि उसे दुःख के प्रति समर्पित होने के लिए प्रयास करना पड़ता है और उसके बाद ही वह चुपचाप दुःख भोगने लायक हो पाता है। मन

का स्वभाव सुख में रहने का है, दुःख में रहने का नहीं। ऐसा मात्र इसलिए होता है, क्योंकि व्यक्ति में उससे बाहर निकलने के उपाय का अभाव होता है। यह पराजयवादी मानसिकता है।

प्रश्न : और उस मनुष्य के बारे में क्या कहेंगे, जो दुःखभोग स्वीकार करने से परे चला जाता है और उसे अंगीकार कर लेता है, क्या ऐसा करना और भी अधिक अस्वाभाविक है ?

महर्षि : हाँ, हाँ, अत्यंत अस्वाभाविक, निश्चित रूप से अत्यधिक अस्वाभाविक।

प्रश्न : जैसा ईसा मसीह के साथ हुआ ?

महर्षि : नहीं, नहीं, कदापि नहीं। ईसा मसीह का जीवन तो अत्यंत स्वाभाविक रहा; ईसा मसीह ने कभी दुःख नहीं भोगा; नहीं, नहीं, ईसा मसीह ने कदापि दुःख नहीं भोगा।

प्रश्न : क्या हम यह कहें जीसस ने दुःख भोगा, मसीहा ने नहीं ?

महर्षि : नहीं, नहीं, हमारे कहने में कोई द्वैत नहीं है। हमारा एक ही अर्थ है, जब हम कहते हैं, कि जीसस ने कभी दुःख नहीं भोगा और जिन्हें यह लगा कि उन्होंने दुःख भोगा, उन लोगों ने दुःख भोग को अपने स्तर से देखा। लोगों का चेतना का जो स्तर था, उसमें उन्हें जीसस के जीवन में दुःखभोग के अतिरिक्त कुछ भी नहीं दिखाई दे सकता था। वास्तविकता यह है कि वह धरती पर दुःख भोगने के लिए नहीं, बल्कि दुःखभोग मिटाने तथा जीवन के सभी क्षेत्रों में पूर्ण आनंद का सजीव उदाहरण प्रस्तुत करने आए थे।

ईसा मसीह ने मनुष्य के सामने कभी दुःखभोग का उदाहरण नहीं रखा। उन्होंने नितांत अनुकरणीय जीवन, अत्यंत निर्भीक जीवन और पूर्ण प्रफुल्लता का जीवन जिया। जिन लोगों को वह दुःख भोगते हुए लगे, उन्हें ऐसा इसलिए लगा, क्योंकि वे स्वयं दुःख भोग रहे थे और उन्हें केवल दुःख भोग ही दिखाई दे सकता था। ठीक वैसे ही जैसे कोई व्यक्ति हरे कांच के पार देखता है, तो उसे प्रत्येक वस्तु हरी दिखाई देती है।

प्रश्न : तब उन्होंने परमात्मा को क्यों पुकारा, "हे परमेश्वर, तूने मेरा परित्याग क्यों कर दिया है" ?

महर्षि : वह संसार में दुःख मिटाने आए और जब वह प्रस्थान कर रहे थे, उन्हें लगा कि संसार से अभी तक दुःख नहीं मिटा है; अतः उन्होंने परमात्मा से पूछा, "तूने मेरा परित्याग क्यों कर दिया है ? आपने मुझे दुःख मिटाने के जिस प्रयोजन से भेजा था, वह अभी तक पूरा नहीं हुआ है। आप मुझे कार्य पूर्ण होने से पहले क्यों ले जा रहे हैं"? यह पुत्र और पिता के मध्य का वार्तालाप है और उसमें कोई औपचारिकता नहीं है; जब पिता कहते हैं, 'वापस आओ', तो वह पूछता है, क्यों ? उनका यह वार्तालाप पिता एवं पुत्र के मध्य रिश्ते की सरलता को दर्शाता है।

प्रश्न : कुछ मिनट पूर्व उन्होंने अपने साथ सूली पर चढ़ाए गए दो चोरों में से एक को फटकारा और कहा कि इनमें से एक जो भला है, वह उनके साथ स्वर्ग में रह सकता है, जबकि दूसरे ने उसे अस्वीकार कर दिया; यह उन क्षणों की बात है, जब यह निश्चित था कि थोड़ी देर में वह स्वर्ग में जा रहे हैं। इस चोर को फटकारने के बाद वह

वापस पलटते हैं और अपने परमात्मा का उपालंभ करते हैं, जो अत्यंत विचित्र व्यवहार है। यह बात मेरी समझ से बाहर है।

महर्षि : यदि आप इसे नहीं समझ पा रहे, तो इसमें आपकी कोई अयोग्यता नहीं। यदि उन्होंने परमात्मा का उपालंभ वि या, तो किसी को भी यह बात समझ नहीं आएगी। सच बात यह है कि उन्होंने परमात्मा का उपालंभ किया हो नहीं।

प्रश्न : मैं यही मानता हूँ कि उन्होंने परमात्मा को फटकारा ही है। इस मामले में आप मुझे हेय क्यों ठहरा रहे हैं ?

महर्षि : नहीं, नहीं, ऐसा सोचते समय आप यह भूल जाते हैं कि ईसा मसीह और परमात्मा के मध्य पिता एवं पुत्र का ऐसा घनिष्ठ नाता था कि वे अपने उद्‌गार बिना लागलपेट के व्यक्त कर सकते थे। अपने नाते की प्रगाढ़ता के कारण ही वह भोले भाव से कहते हैं, ''ओह, आप मेरा परित्याग क्यों कर रहे हैं, अभी तो वह कार्य पूरा ही नहीं हुआ, जो आपने मेरे लिए नियत किया है; बताइए, आप मुझे क्यों ले जा रहे हैं" ?

प्रश्न : तब इन शब्दों के उपरांत ईसा ने यह क्यों कहा, ''तेरी इच्छा पूर्ण हो''।

महर्षि : "तेरी इच्छा पूर्ण हो" का अर्थ है कि यद्यपि मेरा नियत कार्य अभी नहीं हुआ है, तथापि "तेरी इच्छा पूर्ण हो" और मैं आपके पास आ रहा हूँ। इन शब्दों का अर्थ ईसा मसीह के दुःख भोग के रूप में निकालना नितांत मिथ्या है। सोचने की बात है कि यदि पथ प्रदर्शक ही दुःख भोग रहा हो, तो अनुयायी आनंद कैसे ले सकते हैं ?

प्रश्न : दुःखभोग द्वारा।

महर्षि : नहीं, यह बात तो सामान्य बुद्धि से परे है।

प्रश्न : महर्षि जी इसका आशय यह भी तो निकलता है कि व्यक्ति में दुःख सहने की शक्ति होनी चाहिए।

महर्षि : न, न। अब उस पर विचार करो, जो बाइबिल में है। यदि कोई व्यक्ति दुःख भोग रहा है, तो क्या उसे यह मानने दें कि परमात्मा उसे दुःख देना चाहते हैं और यह अतीव सुख में फलित होगा। यदि आप यह मानते हैं कि दिन में प्रकाश के आने पर रात्रि का अंधकार चला जाएगा, तो इसका यह अर्थ नहीं है कि प्रकाश आने के लिए रात्रि का अंधकार अनिवार्य है।

पुनश्च, हम अंधकार को स्वीकार करने का चातुर्य इसलिए दिखाते हैं, ताकि दुःखभोग को हल्का किया जा सके। दुःखभोग का यह दृष्टिकोण दुःख के समय उसकी पीड़ा कम करने भर के लिए है; इसे इस रूप में लेते हैं कि जैसे वह आता उसे इसी रूप में स्वीकार करते हैं, क्योंकि यह न तो बना रहेगा और न ही इससे कोई सुख मिलेगा। यह दुःखभोग का अक्लमंदी वाला नजरिया भर है और इससे दुःख को न तो जीवन के ध्येय के रूप में स्थापित हो जाएगा और न ही ऐसा किया जा सकता है।

कोई व्यक्ति दुःख भोगना प्रारंभ करता है, वह भगवान को उलहना न दे, अपितु उसे उसकी इच्छा के रूप में स्वीकार करे, क्योंकि यह सुख उत्पन्न करने वाला है। अतएव इसे चुपचाप सहन करो। ईसा की सीख में दुःख पर बल दिए जाने का बस इतना ही प्रयोजन है। इसका आशय यह नहीं है कि आप पीड़ा एवं दुःख का इस विश्वास के साथ संवर्धन करते जाएं कि दुःखभोग का

मार्ग ही परमेश्वर के साम्राज्य तक पहुँचने का एकमात्र मार्ग है।

यह कहना मिथ्या है कि जब तक व्यक्ति अंधकार को अंगीकार नहीं करता, तब तक वह प्रकाश प्राप्त नहीं कर सकता। जीवन प्रफुल्लित होने के लिए है, जीवन आनंद है। ईसामसीह की सीख पर चलने का प्रयोजन अपने भीतर स्थित परमेश्वर का साम्राज्य प्राप्त करना और समस्त दुःखों पर स्थाई विराम लगाना है, जिससे दुःख का कोई भी अंश, अंधकार की छाया का कैसा भी संभावित चिन्ह न रह जाए। ईसा मसीह की यह सीख हर समय पल–पल नित्य आनंद के लिए है। यदि हम इसे अपना सकें, तब ही ईसाई मसीहा जीसस के, बौद्ध महात्मा बुद्ध के और हिंदू भगवान राम और कृष्ण के सच्चे अनुयायी होंगे और सब के सब अनुभव करेंगे कि जीवन दुःख में नष्ट करने के लिए नहीं है। यदि धर्म का प्रयोजन हमें दुःख का भागी बनाने का है, तब हमें ऐसे धर्म की आवश्यकता नहीं है। धर्म केवल दुःख से मुक्त और आनंद की अनुभूति में प्रतिष्ठित करने का दूरी रहित मार्ग होता है। यह लंबा और झंझावत नहीं, बल्कि दूरी रहित और सुगम होना इसलिए आवश्यक होता है, क्योंकि हम लक्ष्य का आनंद लेना चाहते हैं, न कि सारे समय मार्ग में ही अटके रहना चाहते हैं।

प्रातः एवं सायं पंद्रह–बीस मिनट भावातीत ध्यान करेंगे और आनंदमयी मसीही चेतना में प्रतिष्ठित हो जाएंगे। हमें मसीही चेतना दुःखभोग द्वारा नहीं, अपितु उनके सूत्र "परमेश्वर का साम्राज्य मेरे भीतर है" द्वारा प्राप्त होती है और इस साम्राज्य से संपर्क प्रातः तथा सायंकाल भावातीत ध्यान के अभ्यास से होता है और

जब संपर्क स्थापित हो जाएगा, "शेष सब अपने आप हो जाएगा"। तो इस सब में दुःख कहाँ है ? ईसा मसीह ने कदापि नहीं कहा, "तुम दुःख भोगो और अपने आपको सूली पर लटका दो"। यह उनकी शिक्षा नहीं है; उनकी सीख है – "अपने भीतर ईश्वर के साम्राज्य का आनंद लो" और यही आनंद है।

प्रश्न : क्या क्रॉस दुःख का प्रतीक नहीं है ?

महर्षि : नहीं, क्रॉस न तो दुःख का परिचायक है और न ही इसका दुःख से कोई सरोकार है। इसके विपरीत यह शाश्वत् जीवन का सूचक है। यह सार्वभौमिक सत्ता और जीवन की परिपूर्णता के दर्शन कराता है। पूर्णतया अद्वैत जीवन वह है, जहाँ पर भौतिक मूल्य एवं आध्यात्मिक मूल्य परस्पर सामंजस्य में रहते हैं। ईसाइयत का क्रॉस आनंद, ज्ञान एवं सृजनशीलता के जीवन का द्योतक है। क्रॉस में लंबे और आड़े दो दंड होते हैं। आड़ा दंड जीवन के भौतिक मूल्यों का, सगुण और साकार जीवन का द्योतक है। लंबा दण्ड जीवन के आध्यात्मिक मूल्यों का, मानव जीवन की आंतरिक तेजोमयिता के पक्ष का दर्शन कराता है। और जहाँ दोनों दंड एक दूसरे के साथ मिलते हैं, वह समष्टि का क्षेत्र है। तथापि इस क्रॉस की विशेषता यह है कि लंबा दंड आड़े की अपेक्षा लंबा होता है और लंबे दंड पर ही आड़ा दंड टिका होता है।

प्रश्न : ईसाई धर्म में जीवन या तो पुरस्कार अथवा दंड से प्रेरित किया जाता है। यदि आपके द्वारा प्रतिपादित भावातीत ध्यान का प्रचार–प्रसार हो जाता है, तब इस धारणा का क्या होगा ?

महर्षि : हर व्यक्ति धन्य हो जाएगा।

प्रश्न : यदि कोई व्यक्ति पूर्ण सुख प्राप्त कर लेता है, तो उसका उन लोगों के दुःख के प्रति क्या दृष्टिकोण होना चाहिए, जो हमारा परिवार अथवा मित्र नहीं हैं और जिन्हें दुःख से मुक्ति के व्यावहारिक उपाय की आवश्यकता है ?

महर्षि : जिनके पास दूसरों की सहायता के लौकिक ढंग हैं, वे लौकिक साधनों का प्रयोग करेंगे और जिनके पास भावातीत ध्यान द्वारा सहायता करने का अवसर है, वे भावातीत ध्यान की युक्ति से उसकी सहायता करेंगे।

प्रश्न : क्या ध्यान शिक्षक को स्वयं भावातीत ध्यान सिखाने का प्रस्ताव रखना चाहिए अथवा जिसे सीखना है, उसके अनुरोध की प्रतीक्षा करनी चाहिए ?

महर्षि : न, न, यदि कोई व्यक्ति पीड़ित है, तो हो सकता है कि उसे पता न हो कि आप उसकी सहायता कर सकते हैं। आपको उसे इस प्रकार युक्तिसंगत ढंग से समझाना चाहिए कि जिस पर आपका विश्वास है, उसकी उसे आवश्यकता है। उसे आश्वस्त कर दीजिए कि जब भी उसे आवश्यकता हो आप उसे उपलब्ध रहेंगे। वैसे ही जैसे डॉक्टर द्वार पर कोई तख्ती लगा देता है और रोगियों को पता हो जाता है कि यहीं आना है।

हीलिंग

प्रश्न : कुछ लोगों के पास उपचार की दैवी शक्तियाँ होती हैं, जिनसे वे लोगों को रोगमुक्त कर सकते हैं ?

महर्षि : हाँ, हाँ।

प्रश्न : क्या ये प्रेरक शक्तियाँ एक मन की ऐसी शक्ति है, जो दूसरे मन पर प्रभाव डालती हैं, अथवा कोई और बात है?

महर्षि : मानसिक उपचार तो मन की शक्ति से होता है। किंतु उपचार की यह स्पर्श शक्ति शरीर का गुण है। कुछ किरणें शरीर से सारे समय निकल रही हैं, किसी समय हाथों से अथवा शरीर के अन्य छोरों से। कुछ शारीरिक गठन ऐसे होते हैं जिनके अंगों में ऊर्जा की ऐसी किरणों का विकास अधिक होता है। ऐसे शारीरिक गठन के लोग जब ध्यान करते हैं, तब अधिक ऊर्जा उत्पन्न होती है और उनके शरीर से प्रवाहित होने लगती है। यह केवल किसी विशेष शरीर का गुण होता है। कुछ शरीर इन किरणों का अधिक मात्रा में समाहार कर लेते हैं।

प्रश्न : क्या रोगी को हाथ से स्पर्श करने से लाभ होता है?

महर्षि : हाँ, क्योंकि रोगहरण शक्ति उनके शरीर से प्रवाहित होती है। वह हाथ में से प्रवाहित होती है और यदि वे पीड़ित भाग को स्पर्श करते हैं, तो उससे राहत मिलती प्रतीत होती है। मन की रोगहरण शक्ति को शरीर के किसी स्पर्श की आवश्यकता नहीं पड़ती, केवल एक विचार ही पर्याप्त होता है। दृष्टि द्वारा भी रोगहरण हो सकता है। कोई व्यक्ति आपके सामने आता है, आप उसे देखते हैं और वह अच्छा अनुभव करता है; यह भी रोगहरण किरणें हैं। ऐसे ही वाणी द्वारा रोगहरण है। उदाहरण के लिए यदि किसी व्यक्ति को सिर दर्द है, तो उसके लिए वाणी उपचारक कह सकता है: "आपको सिर दर्द है, घर जाओ, सब ठीक हो जाएगा"। उसके द्वारा कुछ शब्द बोले जाते हैं तथा सिरदर्द समाप्त हो जाता है।

प्रश्न : क्या उपचारक द्वारा बोले गए शब्दों में रोगी का विश्वास होना आवश्यक है ?

महर्षि : विश्वास या अविश्वास की बात नहीं, यह तो वाणी की शक्ति पर निर्भर करता है। यह भौतिक घटना है। यदि उसे विश्वास है, तो उसकी ओर से कोई व्यवधान उत्पन्न नहीं होता। यदि उसे विश्वास नहीं है, तो अवरोध उत्पन्न होगा, किंतु यदि वाणी की शक्ति प्रबल है, तो वह अवरोध को दूर कर देगी। यदि वाणी की शक्ति दुर्बल है और अवरोध शक्तिशाली है, तब उसका रोग पर कोई प्रभाव नहीं होगा। इस संदर्भ में कह सकते हैं कि जो समर्थ है, वही सही है।

प्रश्न : यदि कोई व्यक्ति जन्मजात रोगी है, तो क्या वह भावातीत ध्यान से रोगमुक्त हो सकता है ?

महर्षि : यदि शरीर का रोगहरण न भी हो, आत्मोपचार हो ही जाएगा। इस संबंध में हम कोई सामान्य सिद्धांत तो नहीं बना सकते, क्योंकि इसका प्रभाव रोग की प्रकृति एवं ध्यान करने की क्षमता पर निर्भर करता है। किंतु इसमें कोई संदेह नहीं है कि भावातीत ध्यान द्वारा मनःकायिक रोगों का उपचार सुगमता से किया जा सकता है। वास्तविकता यह है कि हम भावातीत ध्यान द्वारा मनःकायिक रोगों का उपचार नहीं करते, बल्कि यह भावातीत ध्यान का स्वाभाविक फल है।

मनोविश्लेषण

प्रश्न : मनोचिकित्सीय उपचार मनोकायिक रोग के पुराने रोगी को कोई राहत देते दिखाई नहीं पड़ती, जो रोग जीवन में

उभरने–दबने का उपक्रम बन गया हो। क्या आप स्पष्ट करेंगे कि ऐसा क्यों होता है ?

महर्षि : रोग के बीज का पता नहीं लगाया जाता; वह बना रहता है। मनोविश्लेषण में कारण को खोजकर मन की सतह पर लाया जाता है और ऐसा कर यह सोचा जाता है कि वास्तविक कारण दूर हो गया। इस समय जो रोग है, वह पूर्वकाल की किसी घटना या क्रिया का परिणाम् हो सकता है, अतएव इस उपचार में उस क्रिया को अवचेतन से जाग्रति के स्तर पर लाते हैं और उसका शमन कर देते हैं। ऐसा करने में केवल एक कारण का उन्मूलन किया जाता है। किंतु, इस कारण का जो कारण है, मूल है, बीज है, छिपा रह जाता है। उदाहरण के लिए किसी व्यक्ति के रोग का कारण उसके साथ हुआ दुर्व्यवहार स्वीकार किया जाता है। ऐसे मामले में मनोचिकित्सा के तहत दुर्व्यवहार का विश्लेषण किया जाता है और रोगी अस्थायी रूप से अच्छा भी अनुभव करने लगता है, किन्तु, कदाचित् रोग का मूल कारण अभी दूर नहीं किया जा सका है। रोग का मूल कारण तब तक दूर नहीं होता, जब तक समस्त मध्यवर्ती अवस्थाएं या कारण अवचेतन से जाग्रत स्तर पर नहीं लाए जाते। जब तक समस्त कारणों की ओर, कारणों के कारण भावातीत सत्ता पर ध्यान नहीं दिया जाएगा, रोग का बीज बना रहेगा। भावातीत ध्यान इसी प्रयोजन को पूरा करता है। वह कारण के पीछे कारण खोजता हुआ रोग के उद्‌गम तक पहुँचता है।

प्रश्न : यदा–कदा हमें मनोचिकित्सकों के पास जाकर कहना पड़ता है कि हमें इस मानसिक कष्ट से बाहर निकालो।

क्या भावातीत ध्यान अवचेतन मन का परिचार करने में सहायक सिद्ध होता है और क्या इसका अभ्यास वास्तव में व्यक्ति के स्वास्थ्य रक्षण में सहायता करता है ? और क्या अवचेतन मन में इन बातों का प्रभाव इतना गहरा हो जाता है कि हम समझ भी नहीं पाते कि वास्तव में वे क्या हैं। क्या आप इस पर प्रकाश डालेंगे ?

महर्षि : भावातीत ध्यान मनोविश्लेषण पद्धति की तुलना में लाखों गुना अधिक प्रभावशाली है। यह आधुनिक मनोविज्ञान की तुलना में अवचेतन मन के अत्यंत गहरे स्तरों में प्रवेश करता है। आधुनिक मनोचिकित्सा विज्ञान मानता है कि आज की चिंता पूर्वकाल की किसी क्रिया अथवा पूर्वकाल के किसी व्यवहार के कारण होती है और मनोविश्लेषण द्वारा अतीत की स्मृति खोज निकाली जाती है। अब यदि आज की विपत्ती बीस वर्ष पूर्व की किसी घटना का परिणाम है, तो उस घटना का कारण क्या था ? पुनश्च, पचास वर्ष पूर्व कोई दूसरी घटना घटी थी– इत्यादि। हमें इसके कारण के एक कार्य का पता लगाना होगा तथा कारण एवं कार्य की श्रृंखला के माध्यम से उस बिंदु पर पहुँचना होगा, जहाँ से जीवन पहली बार प्रारंभ हुआ। इस प्रकार से हमें संपूर्ण प्राणीजगत् से होकर तब तक पीछे की ओर वापस होते जाना होगा, जब तक हम समस्त कारणों के कारण, सृष्टि के स्रोत तक नहीं पहुँच जाते और यदि कोई व्यक्ति सृष्टि के स्रोत पर पहुँच सका, तो वह समस्त कारणों एवं कार्यों को पार कर लेगा और इस प्रकार समस्त प्रभाव *एकदा* और सदा के लिए निर्मूल हो जाएंगे। मनोचिकित्सा विज्ञान कारण एवं कार्य की श्रृंखला में केवल एक या दो चरण तक ही आगे बढ़ता है, क्योंकि इसका आधार स्मरण शक्ति है और मनुष्य

की स्मरणशक्ति वास्तव में कम होती है और अधिक से अधिक उसके वर्तमान जीवनकाल तक सीमित रहती है। इस प्रकार समस्त कारण एवं कार्य के मूल को खोजने के लिए पूर्णतया भिन्न युक्ति की आवश्यकता होती है। और यह केवल भावातीत ध्यान की इस प्रणाली द्वारा संभव है, जिससे मन सचेतन, अवचेतन एवं अचेतन अपने सभी स्तरों को पार करते हुए तब तक आगे बढ़ता जाता है, जब तक सृष्टि के स्रोत–भावातीत सत्ता तक नहीं पहुँच जाता।

प्रश्न : समय से निरपेक्ष ?

महर्षि : समय के सारे पाट, भूतकाल से होकर।

प्रश्न : सृष्टि के आरम्भ से ?

महर्षि : सीधे सृष्टि के आरंभ से सृष्टा के क्षेत्र तक। यही तो भावातीत ध्यान शैली का महत्व है। भावातीत ध्यान विश्व परिक्रमा की टिकट और मनोचिकित्सा विज्ञान एक अथवा संभवतया दो स्टेशनों तक के टिकट के समान है। यदि और उदारता अपनाएं, तो कह सकते हैं तीन स्टेशन तक के टिकट के समान है।

प्रश्न : क्या भावातीत ध्यान साधकों को परिवार के प्रभाव से मुक्त होने की सीख देता है ?

महर्षि : न केवल परिवार, बल्कि यदि उन्हें अपने कर्म के प्रभाव से भी मुक्त करना है, तो उन्हें भावातीत ध्यान सिखाओ और भावातीत होने दो। उन्हें भावातीत ध्यान भर सिखा दो और भावातीत होने में सब कुछ संभल जाएगा। यहाँ पारिवारिक संबंधों को नष्ट करने की कोई बात नहीं। तब

तो वे कहीं के नहीं रहेंगे। सचमुच कहीं के नहीं रहेंगे। मनोचिकित्सा विज्ञान का प्रभाव इतना अधूरा है कि यह आश्चर्य की बात है इस प्रकार का उपचार कैसे फैल रहा है। यह लोगों के रिश्ते–नाते एवं अनुराग को नष्ट करने के सिवा कुछ नहीं करता।

प्रश्न : यदि भावातीत ध्यान का अभ्यासी संसिद्ध हो गया हो, तो क्या इसका उसके परिवार के अन्य सदस्यों पर भी प्रभाव पड़ेगा ?

महर्षि : उन्हें इससे काफी कुछ मिल सकता है । रक्त सम्बन्ध होने के कारण भावातीत ध्यान संसिद्धि के स्पंदन, वैचारिक स्पंदन परिजनों के पास सरलता से पहुँचते हैं।

प्रश्न : मैं आपसे सहमत नहीं हूँ। मैं मानता हूँ कि रक्तज अधिक क्षुब्ध करते हैं। मैं एक अस्थिचिकित्सक और स्नायुचिकित्सक हूँ। मेरा अनुभव है कि जब मैंने लोगों को उनके संबंधियों से दूर हटाकर अपने स्तर पर लाया और उनका उपचार किया, तो मैने पाया कि तब मैं उनके साथ सहजता से व्यवहार कर सकता हूँ, वे अपने संबंधियों से जितना दूर होते हैं, उतना ही अधिक वे मुझसे खुलते हैं। वे अपने लोगों से नहीं खुलते हैं। वे उन्हें सही स्थिति नहीं बताते हैं।

महर्षि : इस कारण से ही आधुनिक मनोविज्ञान वर्तमानकाल का अभिशाप है। ऐसा इसलिए क्योंकि वह मनुष्य को अपने प्रियजनों से दूर ले जाने तथा परायों से जुड़ने की ओर ढकेलता है। यह आधुनिक मनोविश्लेषण का ही दुष्परिणाम् है कि लोग अपने माता पिता से दूर हो रहे हैं। आप स्वयं देख सकते हैं कि यह प्रत्येक व्यक्ति के लिए कितना

भयानक है। मनुष्य को उन सगे–संबंधी, माता–पिता और मित्र के प्रति अनुरक्त होना चाहिए जिनके माध्यम से उसे सुख मिलता है। जब वह आश्रय के इस वास्तविक एवं स्वाभाविक स्रोत को छोड़ किसी नए क्षेत्र की ओर चल देता है, तो इस क्षेत्र से वास्तविक रक्तसंबंध का उपहास होता है और वास्तविक कष्ट यहीं से प्रारंभ होता है। प्रारंभ में परिवार से बाहर के लोग बड़ी मीठी–मीठी बातें करते हैं और कुछ दिनों बाद जब मझधार में ही छोड़कर चल देते हैं, तब वह बिखर कर रह जाता है और संवरने के लिए किसी दूसरे के पास जाता है, फिर तीसरे के पास और इस प्रकार बिखरने, संवरने का क्रम चलता रहता और उसका जीवन फुटबाल की भांति हो जाता है। यही आधुनिक मनोविश्लेषण का दुष्प्रभाव है।

सामान्यतः मनोविश्लेषक सुझाव देते हैं "आप अपनी पत्नी से दूर रहो, अपनी माँ से दूर रहो, अपने पिताजी को पत्र मत लिखो, अपने पति से कोई संबंध मत रखो। कुल मिलाकर उनका मंतव्य आपके परिवार के नैसर्गिक संबंधों को तोड़ना होता है, क्योंकि उनकी समझ ही खोटी होती है। उनकी धारणा होती है कि पत्नी के दुःख का कारण यह है कि पति भला आदमी नहीं है, अतएव पति को इस वातावरण से दूर हो जाना चाहिए। वे मानते हैं कि जब पति का तनावग्रस्त वातावरण पत्नी पर प्रभाव न डाल पाएगा, तो पत्नी उस विषाक्त वातावरण से मुक्त हो जाएगी। किंतु आधुनिक मनोविज्ञान की यह धारणा अपने में मौलिक रूप से ही अत्यंत हानिकारक है, हजारों लोगों के जीवन के लिए हानिकारक है, सर्वथा लोगों के जीवन को इसलिए तहस–नहस करने वाली है, क्योंकि व्यक्ति मनोविश्लेषक के पास यह सोचकर जाता है, जैसे वह मन

के क्षेत्र का सर्वेसर्वा है। यत्किंचित् वह जो भी सुझाव देता है, मनोविज्ञान के क्षेत्र में अपने विशिष्ट ज्ञान के कारण देता है, अतएव उसका निदान सटीक एवं उपचार अचूक होगा। ऐसा मानते हुए वे मनोचिकित्सक के बताए हुए नुस्खे पर इस विश्वास के साथ अमल करते हैं कि इससे वह पूरी तरह स्वस्थ्य हो जाएंगे। किंतु परिणाम कुछ और होता है और वे अपने स्वाभाविक सुख के स्रोत परिवार से ही कट जाते हैं। पति अपनी पत्नी से कट जाता है और पुत्र अपने पिता एवं माता से। सामान्यतया मनोविश्लेषकों का अत्यंत विचित्र निष्कर्ष होता है कि माँ ने अपने बच्चे को प्यार नहीं दिया। कौन है वह, जिसे बच्चे को प्यार देना चाहिए, यदि माँ नहीं देती तो दूसरा कौन है, जो उसे माँ के समान प्यार दे सके? इसके लिए तो केवल माँ ही सक्षम होती है। आधुनिक मनोचिकित्सकों की ये सारी भ्रांतियां हैं, जो समूचे राष्ट्र की चेतना दूषित कर रही हैं और लोगों को घर में उनके सुख–शांति के स्वाभाविक स्रोत से वंचित कर रही हैं।

सम्मोहन विद्या

प्रश्न : क्या आप उस सम्मोहन विद्या के प्रयोग को उचित ठहराएंगे, जिसमें दूसरे व्यक्ति के मन को वश में किया जाता है ?

महर्षि : यह अत्यंत क्षोभनीय बात है यदि आप किसी दूसरे मन को वशीभूत कर रहे हैं, उसके व्यक्तित्व को तार–तार कर रहे हैं और अपने मन द्वारा उसके शरीर का प्रयोग कर रहे हैं। यह बहुत बड़ा अपकृत्य है। बात केवल वहाँ तक ठीक है, जब तक इसका प्रयोग रोगनिवारण के लिए

हो रहा है। सम्मोहन विद्या के श्रेयस और स्याह, दोनों पक्ष हैं। यदि किसी व्यक्ति को कुछ विशिष्ट परिणाम की दृष्टि से, यथा कोई पीड़ा अथवा इस प्रकार का कोई अवसाद कम करने के लिए थोड़े समय तक कभी–कभार सम्मोहित किया जाता है, तब तो यह सहायक सिद्ध होता है। किंतु यदि हम किसी व्यक्ति पर सम्मोहन विद्या का निरंतर प्रयोग करते हैं, उसके व्यक्तित्व का उच्छेदन करते हैं और उसके शरीर पर अधिकार जमाते हैं, तो यह उसके मन एवं शरीर के मध्य का तालमेल छिन्न–भिन्न कर देता है। उसकी इंद्रियां प्रयुक्त की जा रही हैं, किंतु उसके अपने मन द्वारा नहीं। उस पर किसी दूसरे मन का प्रभुत्त्व है। यह खींचतान मन एवं शरीर, इंद्रियों एवं मन के मध्य सामंजस्यहीनता की स्थिति उत्पन्न करती है। ऐसे में व्यक्ति की चेतना दमित होती है और इससे चेतना के उच्च स्तरों के विकास के अवसर समाप्त हो जाते हैं। अतएव किसी व्यक्ति पर सम्मोहन विद्या का बारंबार प्रयोग किया जाना श्रेयस्कर नहीं है।

प्रश्न : क्या यही बात आत्मसम्मोहन पर भी चरितार्थ होगी ?

महर्षि : हाँ, हाँ, यही बात आत्मसम्मोहन पर भी चरितार्थ होगी, परंतु उसका तर्क दूसरा होगा। आत्मसम्मोहन ऐसी प्रक्रिया है, जो बुद्धि को अवरुद्ध कर देती है। आत्मसम्मोहन में मन को कार्य नहीं करने दिया जाता। एक ही भावनात्मक धारणा बारंबार दोहरायी जाती है और मन को इस धारणा से उस सीमा तक भर दिया जाता है कि केवल यही धारणा वास्तविकता लगने लगती है। बुद्धि जड़ हो जाती है। आत्मसम्मोहन करने वाले व्यक्ति को यही लगता है – हाँ, मैं सो रहा हूँ। 'यदि बुद्धि जाग्रत होती,

तो वह कहती– "यह निरी मूर्खता है। क्यों ? तुम तो पूरी तरह जाग रहे हो"। मनुष्य ने इस धारणा के साथ स्वयं का इस सीमा तक तादात्म्य कर लिया है कि यह धारणा जीवंत वास्तविकता प्रतीत होती है। यह बुद्धि की जड़ता की कीमत पर मिलती है। अतएव आत्मसम्मोहन बौद्धिक विकास का दमन करता है। इससे भावनात्मक विकास होता है। इसमें व्यक्ति को तर्क का, व्यक्तित्व के बौद्धिक पक्ष के उभरने का अवसर नहीं मिलता। आत्मसम्मोहन की प्रक्रिया व्यक्ति और उसकी बुद्धि को जड़ बना देती है। सामान्यतया बुद्धिजीवी नहीं, अपितु भावुक लोग आत्मसम्मोहन के पचड़े में अधिक पड़ते हैं। आत्मसम्मोहन में केवल भाव पक्ष जाग्रत रहता है और बुद्धि को तो जैसे सुला दिया जाता है।

प्रश्न : क्या बिना जाने आत्मसम्मोहन का प्रयोग करना संभव है ?

महर्षि : बिना जाने ही साधारण मनुष्य ने स्वयं को सम्मोहित कर रखा है और आनंद से वंचित बना हुआ है। अपनी प्रकृति के आनंदमय होते हुए भी वह अपने को दुःख भोगता हुआ पाता है। मानो केवल आनंद अनुभव से परे है और शेष सब सुखद अनुभव है। यही आत्मसम्मोहन है। यह वह स्थिति है, जिसमें कोई व्यक्ति अपने परिवेश के साथ स्वयं को इस सीमा तक सम्मोहित कर ले अथवा एकसम मान ले, जहाँ पर उसे अपनी मौलिक प्रकृति पूर्णतया विस्मृत हो जाए।

प्रश्न : क्या भावातीत ध्यान में आत्मसम्मोहन का कोई अंश है ?

महर्षि : भावातीत ध्यान में सम्मोहन का कोई स्थान नहीं है।

प्रश्न : क्या ध्यान करते–करते वह सम्मोहन के क्षेत्र में प्रवेश भी नहीं कर सकता ?

महर्षि : भावातीत ध्यान में सम्मोहन की एक परछाई भी नहीं है।

प्रश्न : अनजाने में भी नहीं ?

महर्षि : नहीं, नितांत नहीं। ऐसा इसलिए है, क्योंकि भावातीत ध्यान में मन अर्थ पर नहीं टिकाया जाता। जब हम भावातीत ध्यान करते हैं, तब हम इस बात की लेशमात्र चिंता नहीं करते कि हम कहाँ जा रहे हैं। इस प्रक्रिया में लक्ष्य का पक्ष शामिल नहीं होता। हम किसी बात का लक्ष्य नहीं रखते।

प्रश्न : प्रक्रिया में लक्ष्य चुपके से भी आ सकता है।

महर्षि : लक्ष्य चुपके से आता नहीं, बाहर चला जाता है। जब हम भावातीत ध्यान करना प्रारंभ करते हैं, तो हम लक्ष्य को बाहर कर देते हैं। भावातीत ध्यान में हम क्या करते हैं, विचार की सूक्ष्म अवस्था का, उसके पश्चात् सूक्ष्मतर अवस्था का, तदंतर और भी सूक्ष्म अवस्थाओं का अनुभव करते हैं। हम प्रत्येक सूक्ष्मतर अवस्था को समझने में नहीं लगते, अपितु जो भी आता है उसका अनुभव करते हैं। भावातीत ध्यान, ध्यान की ऐसी शैली है, जिसमें विचार और चेतना के सूक्ष्म से सूक्ष्मतर स्तरों का अनुभव करना होता है। इस प्रक्रिया में किसी प्रकार का चिंतन, मंथन या लक्ष्य पर एकाग्र होने जैसा कोई उपक्रम नहीं करना होता।

प्रश्न : इस अवस्था में मैं सोचना बंद कर दूँ ?

महर्षि : यह भी सोचना है।

प्रश्न : अच्छा ?

महर्षि : भावातीत ध्यान की प्रक्रिया में सामान्य चिंतन–मनन या मधुर चिंतन–मनन किसी के लिए स्थान नहीं है। प्रश्न हो सकता है कि यदि भावातीत ध्यान की प्रक्रिया चिंतन–मनन या विचार करना नहीं है, तो आप क्या अनुभव कर रहे होते हैं ? इसका सीधा सा उत्तर है कि हम विचार प्रक्रिया का अनुभव कर रहे होते हैं। उदाहरण के लिए आपने किसी पुष्प का विचार किया। भावातीत ध्यान की प्रक्रिया में क्या होता है ? प्रक्रिया के प्रत्येक चरण पर हम इस विचार के ध्वनि पक्ष की सूक्ष्मतर अवस्था का अनुभव करते हैं। प्रक्रिया में न तो कोई कल्पना है, न ही विचार प्रक्रिया पर विराम लगा है। संपूर्ण प्रक्रिया विचार की सूक्ष्म अवस्थाओं का एक प्रकार का सुखद अनुभव है। यही है भावातीत ध्यान।

प्रश्न : तो क्या यह चिंतन या विचारणा का अनुभव है ?

महर्षि : वाणी की स्थूलतर अवस्थाओं, वाणी की सूक्ष्मतर अवस्थाओं, वाणी की अधिकाधिक सूक्ष्मतर अवस्थाओं, सभी की उत्पत्ति विचार से, विचार के स्थूल एवं सूक्ष्म स्तर से हुई है। इसका अर्थ है कि हम एक विचार उत्पन्न कर रहे हैं और उसका अनुभव कर रहे हैं। तदंतर इस विचार को सूक्ष्मतर स्तर तक ले जाते तथा गहनतर स्तर का अनुभव करते हुए तब तक आगे बढ़ते जाते हैं, जब तक सूक्ष्मतम् स्तर के भी पार भावातीत अवस्था में नहीं पहुँच जाते। यही भावातीत ध्यान है। भावातीत ध्यान में जो होता है, उसका अनुभव करते हैं, जो नहीं होता, उसकी कल्पना नहीं करते। उस बात की कल्पना करना, जो अभी तक वास्तविकता नहीं है, आत्मसम्मोहन के सदृश होगी।

पूज्य महर्षि महेश योगी जी द्वारा रचित एक रोचक पुस्तक

चेतना का विज्ञान एवं जीने की कला
(The Science of Being and Art of Living)

चेतना का विज्ञान एवं जीने की कला पूर्ण एवं आनंदमय जीवन का दर्शन प्रस्तुत करती है तथा संसार में सर्वत्र सब लोगों के लिए उनके दैनिक जीवन के समस्त पक्षों को परिपूर्ण करने हेतु उपयुक्त पद्धति प्रकट करती है। यह जीवन की समस्त समस्याओं के मूलतत्वों से संबंध रखती है तथा समस्त दु:खभोग के उन्मूलन का समाधान प्रस्तुत करती है।

यह पुस्तक, प्राचीन भारत के वैदिक ऋषियों द्वारा विकसित एकीकृत जीवन के व्यावहारिक ज्ञान तथा वर्तमान संसार में वैज्ञानिक चिंतन के विकास का एक संकलन है।

पुस्तक, विज्ञान, धर्म एवं तात्त्विक चिंतन द्वारा सत्य के लिए मनुष्य की खोज को पूरा करने के लिए व्यावहारिक युक्ति प्रस्तुत करती है। यह सब लोगों को उनके आंतरिक आध्यात्मिक अंश का बाह्य भौतिक जीवन की महिमाओं के साथ समन्वय करने के योग्य बनाने तथा स्वयं के भीतर अपने भगवान को प्राप्त करने के लिए क्रियात्मक युक्ति का सिद्धांत प्रस्तुत करती है।